投资滚雪球
系列

小散逆袭

基金量化投资实战

U0118976

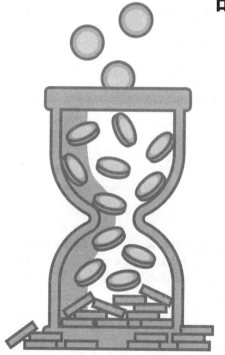

万磊 —— 著

清華大学出版社

北 京

图书在版编目（CIP）数据

小散逆袭：基金量化投资实战 / 万磊著. —北京：清华大学出版社，2024.2
（投资滚雪球系列）
ISBN 978-7-302-65591-6

Ⅰ.①小… Ⅱ.①万… Ⅲ.①基金－投资 Ⅳ.①F830.59

中国国家版本馆CIP数据核字(2024)第045855号

责任编辑：顾　强
装帧设计：方加青
责任校对：王荣静
责任印制：丛怀宇

出版发行：清华大学出版社
　　　　网　　　址：https://www.tup.com.cn，https://www.wqxuetang.com
　　　　地　　　址：北京清华大学学研大厦A座　　　　邮　　编：100084
　　　　社 总 机：010-83470000　　　　　　　　　　邮　　购：010-62786544
　　　　投稿与读者服务：010-62776969，c-service@tup.tsinghua.edu.cn
　　　　质 量 反 馈：010-62772015，zhiliang@tup.tsinghua.edu.cn
印 装 者：河北鹏润印刷有限公司
经　　销：全国新华书店
开　　本：148mm×210mm　　　印　　张：7.875　　　字　　数：175千字
版　　次：2024 年 4 月第 1 版　　　印　　次：2024 年 4 月第 1 次印刷
定　　价：68.00 元

产品编号：091735-01

前　言

就在我落笔给这本书撰写前言时，代表中国股票市场的上证指数在 2023 年 10 月底再次跌破 3000 点。据相关媒体统计，从 2007 年 2 月 26 日上证指数首次站上 3000 点，到现在的 16 年间，上证指数 52 次跌破 3000 点。"3000 点保卫战"这个梗已经成为中国股民和基民近些年的自嘲。诚然，在中国经济腾飞的大背景下，作为"经济晴雨表"的股票市场 16 年却仍在原地踏步。但作为一名理性成熟的投资者，我们更应该看到"此 3000 点非彼 3000 点"。2007 年 3000 点的上证指数是经济过热背景下催生出的泡沫，那时买入股票无异于火中取栗，而 2023 年 3000 点的上证指数则处于价值低估的状态，未来盈利的概率要远大于亏损的概率。

从 2008 年开户入市到现在的 15 年间，我从一个刚出校门的懵懂青年逐渐成长为一个年近不惑的上班族。这 15 年的生活经历让我明白，对于普通工薪阶层来说，只有房市和股市是比较靠谱的理财保值手段。然而房市在经历了十几年的繁荣期后，在国内城镇化率基本到顶和人口出生率不断创新低的背景下，未来房价已注定不可能像以前一样只涨不跌。事实上，就算房价维持不跌，在物业成本、房屋折旧、房贷利息和货币贬值的多重影响下，大多数投资性房产会成为居民家庭财富持续增长的"减分项"。在房市到顶的情况下，唯有股市是普通人最容易接触、制度相对最完善，同时也是承载量最大的理财投资市场。在居民家庭财富之锚从房市过渡到股市的过程中，学习一定的股票、基金市场知识，掌握一定的投资本领就成为我们每个人未来必备的"生存技能"。

我喜欢深夜时独自打开电脑，看着屏幕上上下起伏的股票 K 线图，我知道这其中蕴含着巨大的财富，也认为一定有一些办法可以从中获取合理的财富。因为本科和研究生的专业是软件编程，所以从一开始我似乎就在不自觉地想运用量化的思维来规范我的投资行为。2016 年，承蒙中国铁道出版社的青睐，我出版了自己的第一本投资书《小散逆袭：手把手教你做量化定投》。这本书应该是国内第一批专门讲述基金定投知识的书。在书中，我全面总结了自己多年来对基金定投的认识，从普通人一般认知的角度由浅入深地介绍了一些切实可行的基金量化定投方法。即便放现在看，书中的一些方法、技巧依然具有很高的参考价值。

2020 年底，我有幸收到清华大学出版社编辑老师的邀请，问我是否有兴趣出版《小散逆袭：手把手教你做量化定投》这本书的第二版。因为当年工作岗位发生变动，我需要拿出时间适应新的工作内容，再加之当时对自己的投资体系缺乏系统的整理，出版新书这事就一直是搁置状态。我心中一直对此事念念不忘，加上其间编辑老师的不断鼓励，终于在 2022 年下定决心接受邀请。

然而本书并不是上一本书的第二版，而是一本全新的基金投资书。

之所以没有写作第二版，最主要的原因是在原书的框架下已无法承载近些年我研究基金投资的新思路和新方法。

在书中，我依旧秉持实用为主的原则，尽量从初学者的视角用简单易懂的语言阐述什么是基金、什么是量化投资以及普通人如何从量化的视角去实践基金投资之路。

全书分为 6 章。

第 1 章介绍了基金的基本概念以及基金交易中几个比较关键的问题。

第 2 章介绍了什么是量化交易、我对量化交易的理解以及做好量化交易需要准备哪些知识。

第 3 章介绍了量化交易的数据准备、如何获取各种金融数据。

第 4 章介绍了股债平衡模型，以及基金风格测算和基金股债比计算的方法。

第 5 章介绍了趋势跟踪模型，从单指数的趋势跟踪模型到双指数，再到多指数等不同类型的模型，并给出了详尽的模型评价方法。

第 6 章从资产配置的角度，阐述了基金投资的长效之法。

写书是一件痛并快乐的事。痛的是写作的过程。由于我本人是工科出身，写作并不是我的强项。在一年多的写作过程中，数次出现思路中断的情况，一直无法完成的书稿成为压在我心头的一块巨石。直到交稿的那一刻，我终于如释重负，之前所有的痛在此时都转化为图书上市的快乐。

在此，再次感谢清华大学出版社和编辑老师，正是他们不断的鼓励和支持，才得以让本书能和大家见面。

特别感谢我的妻子和父母，这几年在生活上给予了我无微不至的照顾，让我有时间和精力投入自己热爱的投资事业中。

相信大家在看完本书后对基金的量化投资会有一个新的认识，也会从我介绍的方法中探索发现新的更适合自己的投资思路。由于本人能力有限，若有不足之处，欢迎大家多多指正。另外，大家可以关注我的微信公众号"小散逆袭大本营"，我每周都会撰写数篇投资心得，并积极跟大家互动。后续如果大家对书里的内容有任何疑问，或是投资中遇到任何问题，都可以在公众号中与我讨论，我们相互学习，共同提高，争取早日迈入财务自由之路。

目　录

第 3 章　量化交易的数据准备

第 4 章　省心省力的股债平衡模型

第 5 章 顺势而为的趋势跟踪模型

第 6 章 以资产配置的理念去投资

第 1 章
全面了解基金

  基金，对于很多人来说是一个非常熟悉的名词。在现代社会，我们大多数人都曾经或正在与各种各样的基金打交道。据中国证券业协会报告显示，截至 2021 年底，我国个人股票投资者已超过 1.97 亿人，基金投资者已超过 7.2 亿人。这意味着我国 14.1 亿人中，有超过 50% 的人购买过基金。

  本章我们就一起对基金进行全面的了解。

1.1 什么是基金

这个问题初听起来很简单，但是真要让我们大家给出定义，估计很多人都会犯难。很多事就是如此，越简单、越熟悉的事情，越难给出定义或者解释，就像"1+1=2"这个问题。

基金的定义有广义和狭义之分。

从广义上讲，基金是机构投资者的统称，包括信托投资基金、社保基金、医保基金、保险基金、退休基金以及各种基金会和群团组织的基金，如宋庆龄基金会、中国青少年发展基金会等。按照这个定义来理解，基金并不是一个抽象的概念，而更像是一个实体概念。这与我们大家平时买卖的基金还是有很大区别的。

我们平时说的基金，其实是基金这个名词的狭义解释，即指具有特定目的和用途的资金。这里我们可以直接把基金理解为**证券投资基金**。本书接下来提到的"基金"如无特别明示，都指的是证券投资基金。

下面我们再从狭义的角度对基金进行定义。基金是指通过发售基金份额，将众多投资者分散的资金集中起来，形成独立财产，由基金托管人托管，基金管理人管理，以投资组合方式进行证券投资的一种利益共享、风险共担的集合投资方式。

对于这个定义，我们需要了解两个概念：基金托管人和基金管理人。

基金托管人就是指根据基金合同的规定直接控制和管理基金财产并按照基金管理人的指示进行具体资金运作的基金当事人。基金托管人是投资人权益的代表，是基金资产的名义持有人或管理机构。注意，基金托管人并不是具体的某个自然人，而是机构。一般来说，基金托管人都是银行。

基金管理人，是指凭借专门的知识与经验，运用所管理基金的资产，根据法律、法规及基金章程或基金契约的规定，按照科学的投资组合原理进行投资决策，谋求所管理的基金资产不断增值，并使基金持有人获取尽可能多收益的机构。一般来说，基金管理人就是基金公司。

基金托管人和基金管理人是独立运作的机构。基金托管人存在的意义有两点：一是监督基金管理人将募集到的资金用在基金合同中规定的投资品种上，如股票、债券等，这里主要防范的是基金管理人将资金挪作他用的风险；二是杜绝基金管理人直接接触资金，防止基金管理人卷款跑路。

如图 1.1 所示，我们在天天基金网等主流基金网站上都能快速查询到某只基金的概况。例如，易方达蓝筹精选混合这只基金的基金管理人是易方达基金公司，托管人则是中国银行。

通俗来说，基金就是我们大家一起出资请基金公司帮我们投资理财，赚了我们一起分，亏了我们一起承担。注意，这里的"我们"不包括基金公司和托管银行。也就是说，不管我们的投资赚多少还是亏多少，基金管理人和基金托管人只拿固定比例的佣金。

说到这里可能有些读者会觉得，基金公司是很好的买卖，旱涝保收，总是有钱可以赚，而且赚得还不少。确实如此，但也正

基金全称	易方达蓝筹精选混合型证券投资基金	基金简称	易方达蓝筹精选混合
基金代码	005827（前端）	基金类型	混合型-偏股
发行日期	2018年08月06日	成立日期/规模	2018年09月05日 / 26.142亿份
资产规模	552.72亿元（截至：2022年03月31日）	份额规模	261.1469亿份（截至：2022年03月31日）
基金管理人	易方达基金	基金托管人	中国银行
基金经理人	张坤	成立来分红	每份累计0.00元（0次）
管理费率	1.50%（每年）	托管费率	0.25%（每年）
销售服务费率	---（每年）	最高认购费率	~~4.20%（前端）~~ 天天基金优惠费率：0.12%（前端）
最高申购费率	~~1.50%（前端）~~ 天天基金优惠费率：0.15%（前端）	最高赎回费率	4.50%（前端）
业绩比较基准	沪深300指数收益率×45%+中证港股通综合指数收益率×35%+中债总指数收益率×20%	跟踪标的	该基金无跟踪标的

图 1.1　易方达蓝筹精选混合基金概况（数据来源：天天基金网。）

因为如此，基金公司并不是随意设立的，而是需要有相关资质。这个基金从业资质获取的门槛是非常高的，所以截至 2022 年 6 月，能够成为公募基金公司的机构仅仅只有 194 家[①]。当然除了公募基金外，还有门槛比较低的私募基金，这个我们放在后面的基金分类中再进行讲解。

目前，这 194 家基金公司一共发行并正在运行的基金有 16083 只，如图 1.2 所示。

	全部	股票型	混合型	债券型	指数型	QDII	货币型
基金管理规模（亿元）	252797.01	20640.73	57336.50	71223.07	18829.59	2483.21	100945.20
基金数量（只）	16083	2854	7415	3432	2408	405	713

图 1.2　基金数量[①]

16083 只，这是一个非常庞大的数字，其中还未计算私募基金。目前 A 股股票个数尚不足 5000 只，而主要投资于 A 股的基

---

① 数据来源：东方财富 Choice 数据。

金数量足足是股票数量的 3 倍之多。我们常说选股难，面对数量更加庞大的基金，其挑选难度应该会更大。关于如何挑选基金，这是一个庞大而复杂的问题，我们很难用一个章节把这个问题说清楚。它涉及投资者自画像、投资模式、收益预期、对风险的承受能力等诸多方面的因素。本书后面提到的量化交易模型以及其他内容都会帮助大家更好地理解对于基金的选择。笔者相信，当你通读完这本书后，你会对如何挑选基金有一个相对明晰的理解。现在请各位记住一点，那就是脱离交易模型谈论如何选基金是非常错误的行为。

1.2 基金的分类

当我们对基金有了初步的了解后，会发现又出现了很多新的名词。这些名词常常在财经新闻、平台首页和论坛帖子中出现。例如，图 1.2 中就有股票型基金、指数型基金等名词。这些名词代表的其实是不同类型的基金。如果我们想精进自己的投资知识，就有必要了解基金的分类。

1.2.1 按投资方向区分

首先我们来看最主要最常见的分类方式——按投资方向分类。何谓投资方向，简单理解就是基金公司会把募集的资金具体投资到哪个领域的金融产品上。常见的领域有 4 种类型，即货币基金、债券基金、混合基金、股票基金。通过笔者平时与同事朋友的交谈，笔者认为大多数人对基金的认知仅限于股票基金，至于前三种类型很多人估计连基本的概念都没有，但是恰恰前三种类型才是我们需要关注的重点。

1. 货币基金

按照百度百科的解释，货币基金是聚集社会闲散资金，由基金管理人运作，基金托管人保管资金的一种开放式基金，专门投向风险小的货币市场工具。区别于其他类型的开放式基金，货币基金具有高安全性、高流动性、稳定收益性，具有"准储蓄"的特征。这里的重点是"准储蓄"。因为货币基金主要投资于国债、央行票据、商业票据、银行定期存单、政府短期债券、企业债券（信用等级较高）、同业存款等短期有价证券，而这些金融产品有的有国家信誉背书（如国债、央行票据），有的有银行信誉背书（如定期存单等），所以货币基金发生亏损的概率是极小的。如此低的风险等级，对应的当然是接近于银行储蓄的收益率，平均来看，货币基金的年化收益率在 2% ～ 3%。当然这个收益率会随着央行利率、国债收益率等发生变化。

前文中提到过，目前国内有 7.2 亿基民。但是读者可以问问自己的身边同事和朋友，似乎周边购买过基金的人员比例远远达不到 50%。那么，是统计数据错误了吗？当然不是。真实情况是大多数人并不知道自己买的理财产品其实就是基金或者包含了货币基金。最常见的就是支付宝的余额宝和微信的零钱通了。特别是余额宝，自 2013 年 6 月上市以来，借助支付宝强大的流量，和同期远高于银行储蓄的利率吸引了大量的社会闲散资金。可以说，余额宝的诞生具有里程碑意义，它第一次将理财引入到普通大众中。众多"80 后""90 后"年轻人正是通过余额宝开启了自己的理财之路。

2. 债券基金

债券基金，又称为债券型基金，是指专门投资于债券的基金，它通过集中众多投资者的资金，对债券进行组合投资，寻求较为稳定的收益。债券是政府、金融机构、工商企业等机构直接向社会借债筹措资金时，向投资者发行，并且承诺按一定利率支付利息并按约定条件偿还本金的债权债务凭证。在国内，债券基金的投资对象主要是国债、金融债和企业债，且投资债券资金比例在 80% 以上。

债券基金还可以进一步分为一级债基、二级债基和可转债基金。一级债基是指投资一级市场的债券基金，以投资债券为主，不参与二级市场股票交易的债券型基金，一级债基收益低于二级债基，但风险也低于二级债基。二级债基是指参与二级市场投资的债券型基金（二级市场是指证券交易所），也可以参与一级市场投资。

一级债基我们可以简单理解为一种纯债券基金，简称纯债基金。纯债基金又可以分为长债基金和短债基金。长债就是基金所购买的债券距离到期兑付的时间较长。相应地，短债就是基金所购买的债券距离到期兑付的时间较短。因为债券到期兑付时间的长短不同，债券的价格波动也就有了一些区别。长债基金容易受经济环境影响，对市场利率比较敏感，所以其波动率会比短债基金大一些。波动大，潜在的预期收益率就会稍微高一些。短债基金的风险等级高于货币基金又低于长债基金。一般来讲，短债基金的预期年化收益率在 3% ～ 5%，长债基金的预期年化收益率在 3% ～ 7%。

二级债基是一种可以投资股票的债券基金，一般其投资股票的比例低于 20%。二级债基投资股票的部分是由基金经理灵活配置的，基金经理会根据市场行情的变化，决定参与股票市场的程度。因为有了股票的参与，所以二级债基的预期年化收益率就有了明显提升，能达到 4% ～ 9%，个别优秀的年化收益率上限能达到 10%。这种股票占比在 20%，债券占比在 80% 的债基，就是我们最近几年常听到的"固收 +"基金中的一种。这种股债二八开的基金是笔者非常推荐新手买入的一种基金产品，关于这种基金的特点，后面讲到股债平衡模型时会详细说明，目前大家只需要记住这个结论即可。

可转债基金是比较特殊的一类基金，主要以转债为投资标的，可转债同时兼具股性和债性，有着比较特殊的风险收益特征。由于可转债基金本身的复杂性，以及它并不是本书后面讨论的模型中需要用到的基金，因此这里不作过多介绍，有兴趣的朋友可以去购买相关书籍进行学习。

3. 股票基金

股票（型）基金，顾名思义就是主要投资股票的基金。一般这种基金会将 80% 以上的资金投资于股票。因为有最低仓位的限制，所以这类基金常年需要将仓位保持在基本满仓的状态。众所周知，A 股的波动率很大，牛市涨幅大，熊市跌幅大。而股票基金因为不能减仓，所以在熊市中往往跌幅会非常大，甚至超过主要宽基指数。对于基金经理来说，只能在选股方面进行深耕，而无法在仓位上进行择时操作，即便在股市整体估值都非常高的状态下依然无法减仓。正是基于这个原因，这类基金近几年数量锐减，并不是基金公司发行的主力品种。

4. 混合基金

混合（型）基金是既可以投资股票又可以投资债券的基金。这类基金中，因为股票的仓位可以从 20%　直到 80%，所以基金经理的择时调整空间会大很多。因为其自由度高，所以最近几年成为发行的主力品种。目前整个公募基金有 16083 只，混合基金就有 7416 只，几乎占据了基金产品的半壁江山。

混合基金可以分为偏股型、偏债型和平衡型。偏股型股票配置比例在 50% ～ 70%，债券配置比例在 20% ～ 40%；偏债型正好相反；平衡型比例均衡，都在 40% ～ 60%。

　　我们平时挑选基金时，混合基金是无论如何都绕不开的一个分类。因为其数量庞大，所以它在基金组合中是占有量最大的一类基金。以偏债型基金为例，前文在讲到二级债基时提到过一个名词"固收 +"基金，也就是股债比二八开的基金，偏债型基金中有相当一部分基金就可以归类为"固收 +"基金，但不是全部。我们在进行基金选择和评判时，这类股债比也是二八开的偏债型基金就与二级债基属于一个类型的基金。虽然它们分属不同类别的基金，但是实际持仓中又可以归为一类。一些平衡型基金，由于仓位适中，如果基金经理选股得当，甚至可以当作我们股基部分的持仓主力，能大大简化我们的选基和调仓流程。

　　以上 4 种类型的基金，我们可以按照图 1.3 来直观地了解它们的风险等级。加上银行储蓄，其风险从低到高依次为：银行储蓄、货币基金、债券基金、混合基金、股票基金。在盈亏同源的逻辑框架下，它们的潜在预期年化收益率是与风险等级正好相反的。风险等级最高的股票基金，如果是在市场低迷时买入，那么在牛市中会有很高的收益率。这里大家需要注意的是，这里所说的股票基金收益率高，其实是一个概率统计的概念，就是说有这种高收益率的可能性。

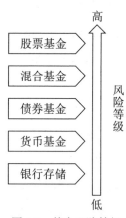

图 1.3　基金风险等级

1.2.2　按交易渠道区分

以交易渠道来区分，基金可以分为场内基金和场外基金。这里的"场"指的是股票交易市场，也就是常说的二级市场。

1. 场内基金

场内基金是指在股票交易平台上可以实时进行交易的基金。从交易流程看，这类基金的交易和股票交易没有任何区别。目前场内基金绝大多数都是 ETF[①] 基金和 LOF[②] 基金。比如，跟踪沪深 300 指数的 ETF 基金 300 ETF（代码：510300）、跟踪中证 500 指数的 ETF 基金 500 ETF（代码：510500），以及兴全趋势（代码：163402）、富国天惠（代码：161005）等 LOF 基金。

交易场内基金的一大优势是交易费用低廉。目前大多数券商对场内基金的交易佣金费率都在万分之三以内，有些甚至能低至万分之一。还有就是交易场内基金不收取印花税。以上两项能让拥有股票账户的基金以极其低廉的交易成本交易基金。

在持有方面，场外基金如果持有不满 7 天赎回，则会有惩罚性的赎回费率，一般是 1.5%。而场内基金则没有这种限制，大多数场内基金和股票一样都是 T+1 交易机制，但是也有一些场内基金可以 T+0 交易，如黄金 ETF（代码：518880）和恒生 ETF（代码：159920）等。

---

① ETF 指的是交易型开放式指数基金，一种在交易所上市交易的、基金份额可变的开放式基金。

② LOF 指的是上市型开放式基金，在发行结束后允许投资者在指定的网点进行基金份额的申购与赎回。

2. 场外基金

场外基金是指在除股票交易平台以外的平台，如银行、券商软件、第三方基金销售平台、基金公司直销平台等交易的基金。

不同于场内基金实时成交，场外基金每个交易日只有一个收盘价，只要在交易日15时前申购，那么当天晚上基金公司就会以当天的基金收盘价来兑现交易。

绝大多数基金都是场外基金。

1.2.3　按运作方式区分

以运作方式来区分，基金可以分为开放式基金、封闭式基金和定开式基金。

1. 开放式基金

开放式基金又称共同基金，是指基金发起人在设立基金时，基金单位或者股份总规模不固定，可视投资者的需求，随时向投资者出售基金单位或者股份，并可以应投资者的要求赎回发行在外的基金单位或者股份的一种基金运作方式。

2. 封闭式基金

封闭式基金，是指基金发行总额和发行期在设立时已确定，在发行完毕后的规定期限内发行总额固定不变的证券投资基金。封闭式基金的投资者在基金存续期间内不能向发行机构赎回基金份额，基金份额的变现必须通过证券交易场所上市交易。基金单位的流通采用在证券交易所上市的方法，投资者日后买卖基金单位，都必须通过证券经纪商在二级市场进行竞价交易。

封闭式基金的封闭期从几个月到几年不等，具体依据基金的发行公告而定。从基金公司角度看，封闭式基金一旦发行结束，在封闭期内，基金公司不会响应客户的赎回要求。从长期投资的角度看，封闭式基金更有利于基金经理从中长期的角度去布局股票，而不用担心赎回压力。

如果购买了封闭式基金，在封闭期内急用钱，也不是完全不能拿到钱。这时需要客户开设有股票账户，通过基金托管操作将场外份额转换到场内，然后在场内进行卖出操作从而取出现金。一般来说，熊市和平衡市，封闭式基金的场内价格相比场外净值会有一定的折价，而在牛市中则正好相反。

一般封闭式基金过了封闭期后都会转为开放式基金。

3. 定开式基金

定开式基金，全称是定期开放式基金，顾名思义就是基金会定期开放申购和赎回，开放期之外的时间则遵循封闭式基金的管理方式。

定开式基金的封闭期一般为 2 年、3 年或者 5 年，开放期相对比较短，一般是一周到一个月不等，如果错过了开放期，持有的客户只能将场外份额转场内卖出，而想买入的客户只能在二级市场进行买入。

这 3 类基金不管从哪个维度看都没有优劣之分，区别仅在于基金的运作方式不同。

1.2.4　按投资理念区分

以投资理念来区分，基金可以分为主动型基金和被动型基金。

1. 主动型基金

主动型基金是以寻求取得超越市场的业绩表现为目标的一种基金，根据基金经理的投资策略行动，持仓会根据不同的市场情况快速变动，它更能体现基金经理的运作水平以及背后投研团队的能力。

优点：基于基金经理以及背后的团队来选股，具备较强的专业度，有超越市场收益水平的机会。加之在管理上比较主动，仓位的变化更加灵活，很多主动型基金在熊市也能取得相对被动型基金更好的收益。

缺点："黑盒"运作，站在基民的角度看，除了基金季报公布的信息外，投资者很难再了解基金的具体运作逻辑和买卖股票的规则。在信息披露不充分的情况下，投资者在熊市中是很难坚定持有下去的。在"黑盒"的运作机制下，主动型基金也存在或多或少的道德风险和法律风险。比如，时不时会见诸报端的基金"老鼠仓"问题。这也是主动型基金最被基民担心、诟病的一个地方。

2. 被动型基金

被动型基金（通常称为指数型基金）一般选取特定的指数成分股作为投资的对象，不主动寻求超越市场的表现，而是试图复制指数的表现。

指数是指按照某个规则选出一系列的股票，经过权威公司的专业人士计算，得出它们的平均价格，其中这些股票被称为成分股。指数型基金的基金经理并不需要发挥自己的主观能动性去发掘个股，他的任务就是让基金的净值涨跌幅尽可能地与指数的涨跌幅保持一致。一般指数型基金的操作逻辑和交易规则都是固定的，基金经理的发挥空间极其有限。所以基金市场中那些明星基金经理操盘的基金清一色的是主动型基金。

指数型基金还可以分为宽基指数基金和行业指数基金。宽基指数基金就是投资各行各业股票的基金，如沪深 300、中证 500、上证 50、恒生指数、标普 500 等；而行业指数基金指的是投资某个特定行业的指数基金，如白酒、新能源车等。

优点：指数型基金运作逻辑清晰，几乎不存在"老鼠仓"的问题。因为指数型基金跟踪的是某一个指数，而指数的成分股都是可以实时查询的，那么相应也就能明确计算出指数的估值情况。从量化投资的角度看，因为可以算出指数估值，所以就可以从基本面因子去进行量化投资。

缺点：因为指数型基金需要完全跟踪复制指数走势，所以基本不存在相对指数而言的超额收益。行业类型的指数基金因为行业自身存在盛衰周期，所以其涨跌幅和市场基准指数之间并不完全对应，这就会导致基准指数上涨，行业指数可能不涨或者严重跑输的情况。当然，也存在行业指数大幅跑赢基准指数的情况。

严格来说，以上两点也不算是指数型基金的缺点，笔者认为用特点来形容可能更贴切一些。之所以划归到缺点的范畴，还是考虑到实际的收益情况和操作难度而为之。

虽然股神巴菲特曾向普通投资者力荐指数型基金，美国基金市场中主动型基金的长期平均收益率也跑输了美国市场基准指数，但是在国内的 A 股市场，历史数据表明，主动型基金的长期平均收益率还是远远高于市场基准指数——沪深 300 指数的。

从图 1.4 中可以看出，2017 年 8 月至 2022 年 9 月这 5 年间，代表主动型基金平均水平的工银股混指数大幅跑赢沪深 300 指数。面对如此巨大的超额收益，任何一个投资者都不得不认真考虑如何选择的问题。

图 1.4　工银股混指数和沪深 300 指数

1.2.5　按募集对象区分

以募集对象区分，基金可以分为公募基金和私募基金。

1. 公募基金

公募基金是指以公开方式向社会公众投资者募集资金并以证券为主要投资对象的证券投资基金。公募基金是以大众传播手段招募，发起人集合公众资金设立投资基金，进行证券投资。这些基金在法律的严格监管下，有着信息披露、利润分配、运行限制等行业规范。

公募基金绝大多数是由持牌的基金公司发行的，购买者为广大民众。其投资门槛非常低，投资的便利性最高。平时我们的大多数投资是公募基金。

2. 私募基金

私募基金是指受政府部门监管的，向不特定投资人公开发行受益凭证的证券投资基金。私募基金是一种非公开宣传的，私下向特定投资人募集资金进行的一种集合投资。

私募基金的投资门槛比较高，一般都需要 100 万元起步。仅此一条，足可以把绝大多数希望购买基金的民众挡在门外。设定如此高的投资门槛并不代表私募基金的收益就一定比公募基金好，而是监管部门出于保护中小投资者的目的。用 1000 元买基金和用 100 万元买基金的投资者对基金产品的风险认知可能是天差地别的。

从笔者个人的投资实践来看，对于绝大多数普通投资者，公募基金已经完全可以满足我们的投资需求，并不需要去涉足风险更大的私募基金。

1.2.6　按投资地区来区分

以基金的投资地区来区分，基金可以分为投资国内的基金和投资海外的基金。

投资国内的基金从狭义角度来理解就是基金的买入标的是在国内 A 股上市的公司股票。我们接触到的绝大多数基金都是这个类型的。

投资海外的基金也叫合格境内机构投资者（QDII）。合格境内机构投资者，是指在人民币资本项目不可兑换、资本市场未开放的条件下，在国内设立，经有关部门批准，有控制地允许境内机构投资海外资本市场的股票、债券等有价证券投资业务的一项制度安排。

我们通常接触到的 QDII 基金都是国内持牌基金公司公开发行的基金。通过这些 QDII 基金，我们可以用人民币间接参与海外股市的投资。比如，跟踪美国股市标普 500 指数的博时标普 500 ETF 基金、跟踪德国 DAX30 指数的华安德国（DAX）ETF 基金等。

从购买流程上看，购买 QDII 基金和购买普通基金并没有大的区别。虽然购买 QDII 基金非常便利，但笔者还是建议普通基金投资者慎重购买 QDII 基金。因为普通基金投资的是国内上市公司，不论从信息获取还是主观感受上，这些都要优于投资海外股市的 QDII 基金。虽然海外股票市场从历史上和制度上比我们国内的股市更悠久和完善，但是其交易风险也远远大于国内股市。

1.3 基金的交易

我们知道交易股票前需要在证券公司开户，拥有自己的股东账户后，方可在该证券公司的官方 App 或者官方网站进行股票交易。股票交易是场内实时成交，而基金交易并非实时成交，基金交易一般是 T+1 或 T+2（这里特指场外交易）。

1.3.1 基金交易的平台

目前基金的交易平台主要分为以下几种类型。

1. 基金公司直销平台

基金公司直销平台是由基金公司自营的基金销售平台，分为公司官网和官方 App 两种，分别对应计算机访问和移动设备访问。

基金公司直销平台的最大优势就是申购费率最低。比如，一般基金的申购费率都是 1.5%，大多数第三方代销平台的申购费率是打一折，也就是 0.15%。而基金公司的官网经常会限时活动，申购费率可以低至 0.1 折甚至是免申购费。购买 10000 元的基金，申购费打 1 折，费用是 15 元，如果打 0.1 折只需要 1.5 元。

但是在基金公司官网购买基金除了费率最低外，其他方面就相当于是缺点了。最大的缺点是基金管理不方便。我们买基金通常不会只买一家公司的基金，而是会买好几家公司的基金，但是我们在易方达公司的官网是不可能买到汇添富的基金的。如果我们日常需要交易，就需要在不同的 App 间切换，还要记住自己曾经在哪家基金公司购买过基金。对于资金量比较大的用户来说，这简直就是一场交易的噩梦。

2. 银行柜台

在银行购买基金应该是老一辈基民最熟悉的场景。在互联网还不发达的年代，银行柜台几乎是基金唯一的销售平台。但是随着移动互联网的发展，这种销售方式正慢慢被网上平台所代替。

银行柜台销售基金本质上属于第三方代销的性质。银行属于基金的代为销售方，银行并不需要对基金的涨跌负责。很多"60后""70后"老基民因为对网络基金销售平台的不熟悉和不信任，还是很愿意在银行柜台购买基金，可能在他们的感觉中，有银行的工作人员给自己讲解一番，然后再操作下来，起码不会被骗。而"90后""00后"新一代基民基本不会在银行柜台购买基金。

在银行柜台购买基金，申购费率通常是打 4 折，这比互联网平台要高出很多。所以，笔者非常不推荐在银行买基金。

3. 持牌的网上第三方销售平台

持牌的网上第三方销售平台是目前最便捷的基金交易渠道。网上第三方平台又分为纯基金销售平台和券商平台。

券商平台指的是各证券公司官方 App 中集成的基金购买页面。目前大多主流券商的 App 中都可以交易公募基金。不过因为是代理销售，因此每家券商代销的基金产品数量不尽相同。从总量上看，券商 App 中代销的基金数量相比专业的纯基金销售平台还是偏少。

纯基金销售平台目前最流行的有天天基金、雪球基金、支付

宝、微信等，其中又以支付宝最为知名。2013 年，支付宝凭借
"余额宝"这个新鲜的产品，一举将基民的数量大大提高，让购
买基金这种相对来说比较"有风险"的事变得如此触手可及。相
信大部分"90 后"和"00 后"新基民的第一只基金都是在支付
宝中购买的。

　　像支付宝和天天基金这种专业的基金代销平台，一个最大的
优势就是集成度很高，几乎市面上所有公募基金都能在平台上进
行交易，因此称其为"基金超市"都不为过。

　　由于这类平台以互联网起家，其 App 操作顺畅，用户操作逻
辑清晰，数据翔实，资产数据归类统计功能完善，以上优点使得
其快速征服用户。"基金购买费率 1 折"这个概念最早就是由这
类平台提出的。

1.3.2　基金交易的几个术语

　　同股票交易一样，基金的交易也分为买进和卖出。但在基金
领域中，买进和卖出是由更专门的术语来表达的。

　　在基金交易中，买进叫认购和申购，卖出叫赎回。

　　认购是指认购人在基金注册设立时认领购买基金。通俗解
释就是，基金公司要发行一只新基金，在发布后会公布一个新基
金的认购时间段，如 3 天或者 1 个月。在这个时间段，基民可以
通过专门的基金认购代码购买某个金额的基金。这个认购时间段
就是新基金的资金募集期，等认购期结束后，基金经理就可以用
募集到的资金去购买股票或者债券，基金也就算是开始正式运
行了。

综上，认购特指购买新基金。

申购是指在基金成立后购买的基金。大多数情况下，我们购买的基金都是已经正在运行的基金，所以我们基本都是在申购基金。

值得一提的是，认购和申购基金都会有一笔费用，叫认购费率和申购费率。一般情况下，认购费率就是基金公布的申购费率，大约在1.5%。认购新基金这个费率是不会打折的；而申购费率基本都会打一折，也就是0.15%。由于二者之间费率差异巨大，而新基金又不见得比老基金盈利更好，所以通常我们并不会去认购新基金。

在基金购买中，不管是认购还是申购，基民输入的都是金额，而在股票购买中我们输入的是股数。导致这种差异的原因是股票的价格是实时显示的，而基金的净值是在交易日的晚上才公布的。基民在下午3点（股市关闭）前购买基金时并不知道基金净值是多少，所以只能用金额来表示要购买多少基金。

赎回就是指基金的卖出。与申购时输入金额不同，赎回基金时我们在页面中输入的是份数而不是金额，原因还是基金的净值在卖出时并不知道，但是我们持有多少基金份额是明确的。

对于LOF基金而言，因为它既可以在场外交易又可以在场内交易，所以其申购和赎回又分为场内申购、场外申购、场内赎回和场外赎回。

场外申购和场外赎回就像普通基金的申购和赎回一样，没有任何区别。场内申购和场内赎回则比较特殊，因为这类操作只针对LOF基金，所以大多数基民并不熟悉。

首先，场内申购和赎回只能在券商平台才能操作，其他纯基金销售平台是无法操作的。所以，如果想进行场内操作，首先需要有股票账户。

其次，场内申购和赎回都有专门的交易页面，并不会集成在股票交易页面或者普通基金的交易页面。各家券商 App 中关于场内交易的页面位置也不同，这需要基民自己去寻找定位，个别券商 App 中场内交易的页面非常难找。

场内申购和场外申购最大的不同点在于场内申购结束后，申购的基金并不会像普通基金一样出现在基金的持仓页面中，而是会直接以股票的形式出现在股票账户页面中。场内赎回也是如此，完成操作后会把股票账户中的基金卖出。除了这一点不同外，其余的部分，如费率和到账时间等都与场外操作保持一致。

以华宝证券的官方 App——华宝智投为例说明。图 1.5 所示就是华宝智投的普通交易页面。

图中右上方的"资金持仓"是股票持仓页面，"场内基金"就是场内基金的持仓和交易页面，"开放式基金"就是场外普通基金的持仓和交易页面。点击"场内基金"进入，如图 1.6 所示。

这里大家看到下方的场内基金持仓列表中有一个 ETF 基金和一个 LOF 基金。虽然 ETF 基金也可以进行场内操作，但是因为门槛较高，普通散户并不合适，所以大家可以忽略。另一个"易方达新综债 LOF"在这里会显示，在股票持仓列表中也会显示。页面上方就有场内申购和场内赎回的操作按钮，基民按照提示即可完成操作。

有些读者可能会产生疑问，对于 LOF 基金而言，既然有了交易费用低廉的像买卖股票一样的场内买卖方法，还有交易便捷的场外申购赎回方法，为何还要了解如此隐秘的场内申购赎回方法呢？原因是可以利用 LOF 基金能进行场内申购赎回的操作，

图 1.5　华宝智投 App 页面　　　　图 1.6　华宝智投场内基金页面

进行 LOF 基金的折价和溢价套利操作。这种操作可以在保持持有基金份额不变的情况下，赚取场内价格和场外净值之间的价格差。虽然对于每次操作而言，这种套利的利润率很低，但是在某些时间段这个套利空间存在的时间比较长，一段时间的反复操作后，能比较明显地降低持仓成本。

1.4 基金净值全解析

基金的净值简单来说就是基金的价格。

虽然我们有时也会把净值称为价格，但是它和股票价格的形成机制是完全不同的。股票的价格是场内买卖的双方实时博弈的结果，而基金净值并不是实时博弈的结果。

如图 1.7 所示，这是我们通常在浏览基金网站时看到某只基金后展示的最显著净值信息。但是仔细观察大家会发现，图 1.7 中显示的净值有三个，分别是估算净值、单位净值、累计净值。它们之间的数值差别还非常大，那么这些名称不同的净值到底代表什么含义呢？对我们买卖基金有什么影响呢？

净值估算 2022-10-13 15:00	单位净值 (2022-10-13)	累计净值
0.6529 ↓ -0.0022 -0.34%	0.6509 -0.64%	10.4518
近1月：-9.31%	近3月：-7.97%	近6月：-3.80%
近1年：-22.53%	近3年：20.64%	成立来：1875.51%

图 1.7　基金净值示例

一般来说，一只基金通常有 4 个净值，分别是单位净值、累计净值、估算净值和复权净值。

1. 单位净值

基金单位净值，是指当前的基金总净资产除以基金总份额，计算公式为：基金单位净值 = 总净资产 / 基金份额。

单位净值是一只基金最重要的数据。说它重要，并不是说这个数据本身有什么深层含义，而是我们进行基金买卖时，交割的价格就是这个单位净值。通常情况下，在没有特别说明时，提到"净值"二字就是指单位净值。

2. 累计净值

基金的单位累计净值是基金单位净值与基金成立后历次累计单位派息金额的总和，反映该基金自成立以来所有收益的数据。其计算公式为：基金单位累计净值＝基金单位净值＋基金历史上累计单位派息金额（计算方式：基金历史上所有分红派息的总额／基金总份额）。

基金的累计净值是指基金最新净值与成立以来的分红业绩之和，体现了基金从成立以来所取得的累计收益（减去一元面值即是实际收益），可以比较直观和全面地反映基金在运作期间的历史表现，结合基金的运作时间，则可以更准确地体现出基金的真实业绩水平。一般来说，累计净值越高，说明基金的历史业绩越好。

累计净值受两个方面影响：一个是基金的成立时间；另一个是基金本身的业绩。起决定性作用的还是基金本身的业绩。

累计净值对于基民而言仅仅是判断一只基金优劣的参考数据，它更大的价值在于反映一只基金已经创造的财富价值。如果我们面前有两只基金来选择，且仅仅只知道基金的累计净值，一只是 1.5 元，一只是 10 元，那么我们会毫不犹豫地选择后者。因为仅凭累计净值的话，前者仅让财富增长了 50%，而后者让财富增长了 1000%。

3. 估算净值

基金估算净值是指一些第三方金融平台根据最近基金季报中所显示的持仓信息以及一些修正的计算方法，结合当时股市情况所计算出来的基金净值。

所谓估算就是估计计算。我们知道基金的单位净值一般都是在交易日的晚上 8 点以后才开始陆续更新的，而我们在下午 3 点前下单申购基金时是并不知道所申购基金的净值的。虽然大多数基金一日的涨跌幅并不大，而且大多与大盘宽基指数涨跌趋势差不多，但归根结底，申购时还是属于"盲猜"买入。为了缓解基民交易时间申购基金时"盲猜"价格的焦虑感，很多第三方金融平台，如天天基金网、支付宝等就会在自己的网站上，在交易时间段公布一个实时的基金估算净值。基民可以根据这个估算出来的净值，大致了解所申购的基金价格。

估算净值并不是基金公司的官方行为，估算净值仅仅是一个参考价格。因为每家平台在估算时采用的方法不同，所以各家给出的估算净值也不尽相同，有时甚至差别较大。

这里需要提一点，估算净值还有一个重要用途，就是给 LOF 基金套利提供了可能。由于 LOF 基金有场内和场外两个价格，场内的价格受投资者非理性情绪和市场涨跌影响较大，就会出现场内价格和场外净值之间的折价和溢价现象。如果我们知道了某只 LOF 基金比较准确的场外估算净值，而且发现场内价格高于估算净值时，就可以在场内卖出该 LOF 基金，并同时进行场内申购。这样就完成了一次溢价套利，反之就是折价套利。

4. 复权净值

基金的复权净值是对基金的单位净值进行了复权计算，对基金的分红或拆分因素进行了综合考虑，计算出基金没有进行任何分红或拆分情况下的历史净值，从而对基金净值进行了复权还原。

因为复权净值多用于量化模型的回测计算，而普通基民又对量化投资知之甚少，所以绝大多数金融平台甚至基金公司本身都不会提供这个净值数据。

复权净值和累计净值之间的区别：复权净值将基金的分红资金又投到了基金中，从而让这部分资金在分红后也会跟随基金的单位净值出现盈利或者亏损；而累计净值在对待分红资金时，只是单纯地把它作为现金处理，这部分资金在分红后既不会亏损也不会盈利。

举例来说，假设一只基金在第 N 日的净值是 1.2 元，且之前没有进行过分红，那么在 N 日该基金的单位净值、累计净值和复权净值都是 1.2 元。第 $N+1$ 日，假设基金在当天涨幅是 0，且当晚进行分红，每份分红 0.2 元，那么分红后基金的单位净值就是 1 元，累计净值还是 1.2 元，复权净值也是 1.2 元。在第 $N+10$ 日，该基金的单位净值相对第 $N+1$ 日涨了 10%，那么第 $N+10$ 日的单位净值就是 $1×（1+10\%）=1.1$ 元，累计净值是 1.3（$1×（1+10\%）+0.2=1.3$）元，复权净值是 1.32（$1.2×（1+10\%）=1.32$）元。

基金分红本身并不会让我们的总资产发生变化，所以我们买入基金并不是为了所谓的分红，而是为了分享基金未来可能带给我们的成长收益。所以在量化模型回测中，我们使用的基金历史净值必须是复权净值，其他净值都不符合要求。

第 2 章
揭开量化交易的神秘面纱

在金融市场上，有一类神秘而强大的投资者，他们不靠直觉或者经验来做出交易决策，而是依靠数据和算法来寻找市场上的规律和机会。他们就是量化交易者。量化交易听起来很"高大上"，很多人可能会认为这是专业的量化机构或者对冲基金才能玩得起的游戏，普通人根本无法参与。其实，这是一种误解。

本章我们一起来走进量化交易，揭开其神秘的面纱。

2.1 什么是量化交易

自从 1969 年金融投资家爱德华·索普利用他发明的科学股票市场系统（实际上是一种股票权证定价模型）成立第一只量化投资基金——可转换对冲合伙基金到今天，量化交易已经有 50 多年的发展历史。

近年来，量化交易、量化投资在国内逐渐成为热点词，新闻媒体频频报道。那么量化交易到底是什么呢？

通常认为，量化交易是指以先进的数学模型替代人为的主观判断，利用计算机技术从庞大的历史数据中海选出能带来超额收益的多种"大概率"事件，以制定交易策略。

量化交易能极大地减少投资者情绪波动的影响，避免在市场极度狂热或悲观的情况下作出非理性的投资决策。

2.1.1 量化交易的实现步骤

通常来说，量化交易的实现需要以下几个步骤，如图 2.1 所示。

1. 模型实现

模型实现就是将定性的交易思想转变为完全客观的交易条件。这一步是整个量化交易最基础、最核心的步骤。

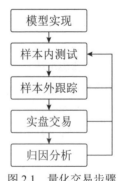

图 2.1　量化交易步骤

交易思想是人们在日常交易中的经验积累。比如，有些交易者喜欢追涨的策略方法，买入那些处于强势的股票，从而期待能继续分享上涨带来的利润，那么"追涨"就是一种交易思想，这种交易思想在不同的交易者眼中会有不同的理解，这就是"定性"的意思。所谓定性就是大概确定了一个事情的性质，追涨就是给这个交易思想确定了自己的性质——买入上涨的股票，而不是抄底。

对于量化交易来说，仅仅有定性的交易思想还远远不够，因为不同的人会有不同的理解。有人认为连续上涨三天就算上涨趋势，就可以买入，就算是追涨；而有些人可能认为股价突破创出近期高点才算追涨买入。这就需要进一步对"追涨"进行具体化，而具体化的过程就是量化的过程，用没有理解歧义的语言来定量描述交易思想。

对于"追涨"策略而言，我们需要进一步明确买点的具体判断标准。以股价突破近期高点为例来细化。首先需要明确的是"近期"二字，交易者可以按照自己的交易习惯把近期定义为最近 20 个交易日。其次是"高点"，高点可以理解为最近 20 个交易日盘中达到的最高点位，也可以理解为收盘价的最高点位，二者往往还是有一些差别的。就这个策略而言，从测试方便的角度，一般我们会选择最近 20 个交易日收盘价的最高价。最后就是"突破"，突破可以理解为收盘价格大于等于最近 20 个交易日最高收盘价。

综上所述，"追涨"交易思想经过量化后就是：如果股价当天收盘价格大于等于最近 20 个交易日最高收盘价格，则买入。

经过定量化处理的"追涨"交易思想就有了非常明确的买

入标准，且没有歧义。但是只有买点没有卖点的交易模型并不是完备的。我们买入股票后并不会永远持有，肯定会在合适的价格卖出止盈或者止损，所以我们还必须给交易模型明确清晰的卖点标准。

一般来说，追涨型的交易思想都是跟踪短期的趋势，卖出的标准我们可以设定为：买入后，如果盈利大于等于5%即卖出，或者亏损大于等于5%即卖出。这样一来，这个追涨型的交易模型就算基本成型了。

2. 样本内测试

样本是一个统计学术语，指的是观察或调查的一部分个体。例如，某市实验中学共有1000名学生，要统计出该中学学生的平均身高。对于这个项目，1000名学生是"总体"的概念。理论上我们需要对这1000名同学逐一测量身高，然后求出平均身高。但这样做工作量会很大，在实际工作中，往往会选取总体中的一部分作为代表，这一部分代表就是"样本"。在1000名学生这个总体内，从各年级共选取200名同学作为统计样本，测量这200名学生的身高，求出的平均身高即可近似认为就是该中学1000名学生的平均身高。

样本内测试是指利用股市已有的历史数据对量化交易模型进行模拟真实交易的测试，以此观察模型在某个历史时间段内的业绩表现。

股市的历史数据非常庞大，对于样本测试而言，我们几乎不可能对所有数据进行测试。对于上述追涨交易模型，通常会选择若干股票的某个历史时间段数据进行测试。比如，交易标的是沪深300指数的话，选择2014—2018年这四年的日线历史数据进行追涨交易模型的测试。那么这个时间段就是我们选取的测试样本。

样本内测试是验证量化交易模型是否可行的关键一步。在测试之前，模型仅仅是交易思想的量化表现，实际交易是否可行、是否能达到预期的效果都需要用样本历史数据进行模拟真实交易的测试。

在样本测试阶段，我们往往还会针对测试结果，调整模型中的某些参数，以使模型的表现达到更好的结果。比如，我们之前设计的模型，卖出标准是：买入后，如果盈利大于等于 5% 即卖出，或者亏损大于等于 5% 即卖出。但是经过测试，我们也许会发现如果把 5% 改为 7%，那么模型在整个测试时间段内的收益率更高。这时我们就有理由去修改原来的模型参数。

在实践中，修改模型参数就叫作"参数拟合"。参数拟合是一把"双刃剑"，它有可能让模型在实际交易中变得更好，也可能是一种交易灾难的开始。在后续章节中，大家会看到调整模型参数的困难之处。我们必须小心翼翼，每一次的修改都必须有充分的理由说服自己。

通过样本测试的交易模型并不一定代表能在样本外的实战中表现良好。因为影响股市的因素实在太多、太复杂，虽然股市如国家经济一样有一定的周期性，但是每次的牛市和熊市又有各自不同的特点。

但有一点是肯定的，那就是没有通过样本测试的交易模型，我们是一定不会应用到下一步的样本外实战交易中的。所以，样本内测试最大的作用是证伪，而不是证实。

3. 样本外跟踪

样本外跟踪是样本内测试的延续。量化交易模型通过样本内测试后，如果取得了符合预期的收益效果，那么就要经历更多新行情的考验。很多时候从这一步起就已经处于实盘交易阶段了。用每天新产生的交易数据来运行模型，观察评估模型的表现是否与样本内测试阶段保持一致性。

4. 实盘交易

实盘交易是指根据量化交易模型输出的买卖信号进行真实的股票或者基金交易。

在高频量化交易模型中，实盘交易对时效性的要求非常高，所以此类模型的实盘交易往往由计算机程序根据模型买卖信号自动完成。

非人工下单的交易需要开户券商提供交易接口，而此类接口对一般散户并不开放，只对特定客户和机构客户开放，而且还需支付另外的费用。

拥有自动实盘交易的量化交易模型需要单独编写交易模块。这样既需要交易接口，还对编程能力提出了较高的要求。对于本书的读者而言，此部分并不是讲解的重点。本书后续提到的量化交易模型基本都属于中低频交易模型，对时效性的要求并不高，完全可以用人工下单的方式完成。

5. 归因分析

归因分析是指在量化交易模型运行一段时期后，对模型的盈利、亏损情况进行数据统计，分析出盈利、亏损的来源。这是一个检查总结的阶段。

比如，以追涨模型来说，如果实盘交易中我们选取了 10 只股票进行跟踪交易。从整体上看，整个模型的收益率是不错的，符合我们的要求。但是这 10 只股票对模型的收益贡献可能并不一致，有可能其中有 2 只股票贡献非常大，其余股票贡献非常小甚至是亏损。那么虽然从整体看收益率不错，但是因为其中个别股票贡献过大，这样我们就有理由怀疑，这个不错的收益率是否能持续实现。

这种不稳定性对量化交易模型而言有非常大的潜在威胁，因为这很有可能是"运气"在贡献收益。

2.1.2　量化交易的特点

从分类上看，量化交易依然属于主动型交易方法，是建立在市场不完全有效的假设基础之上。但相比传统的主动型交易方法，量化交易又具有自身的特点，如纪律性、系统性、及时性、准确性等。

（1）纪律性：根据模型的运行结果进行决策，而不是凭感觉。纪律性既可以克制人性中的贪婪、恐惧和侥幸心理等弱点，也可以克服认知偏差，且可以跟踪。

（2）系统性：很多关于量化投资的书籍在提及系统性时都是指量化投资的投资范围广、投资策略多样，甚至可以涵盖不同国家和品种的投资。但是从我们的实际应用来看，笔者认为对系统性的理解更多的是"买卖交易的一致性"。在主观投资中，交易主要是凭投资者本身的喜好来进行的。即便交易者脑中有明确的投资策略，但在实际执行过程中往往会受主观情绪、他人等因素影响，从而使原本应该执行的交易并未达成。而量化交易的客观性保证了交易策略的持续执行，从而能系统地贯彻量化模型的交易思想。

（3）及时性：由于量化交易模型是由计算机程序自动运行，因此模型的交易信号会实时根据行情输出。这样就保证了量化交易具有非常高的及时性，并不会像主观交易那样需要交易者盯盘。

（4）准确性：量化交易模型本身的实现就是完全用客观的数字来实现交易思想。定量化的运行模型，保证了交易买卖信号能完全客观无误地反映交易思想，是对交易者交易思想最为准确的体现。

2.2 我眼中的量化交易

对于很多普通投资者来说，"量化交易"这四个字充满了神秘性，似乎是一种高不可攀的高级交易方法。但实际上，量化交易一直在我们身边。

股神巴菲特曾说过：如果让我只选择一个财务数据来指导股票买卖，那就是ROE（净资产收益率）。这其实就是对交易的一种量化。买股票，大家都想买入并持有经营非常健康、盈利能力强的公司。这类公司的股价往往会以波浪的形式不断升高。普通投资者因为投资经验的匮乏，买入股票都是凭感觉或是听别人介绍的。而巴菲特提到的ROE财务数据，就能比较好地体现出好公司和差公司的区别。好的公司一般每年的ROE都比较稳定且大于一定的数值，通过分析大量优秀公司的ROE历史数据，就可以建立一个以ROE为判断标准的量化交易模型。比如，买入的股票必须满足最近五年公司的年度ROE平均值大于15%。这样，我们就把"好公司"这个定性的条件量化为一个可以定量衡量比较的数值。

股票市场一直流传着一句顺口溜：七赔两平一赚。这句话的意思是，长期来看，有七成的投资者是亏损的，两成投资者能持平，不亏损也不盈利，只有一成投资者能盈利。这虽然是一句顺口溜，但与实际情况相差不大。大家可以问问自己身边买卖过股票或者基金的亲友，是盈利还是亏损。估计大部分人给你的答案是：还没"回本"呢！

导致这种情况的原因大体上是大多数普通投资者是凭感觉在交易，是感性交易者，而不是量化交易者。"经典散户心态"如图 2.2 所示，从图中的文字，我们也许多少都会看到自己投资时的样子。

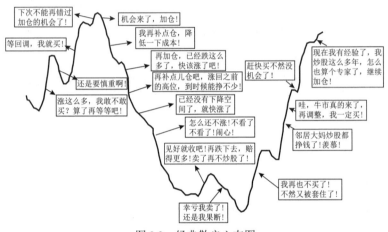

图 2.2　经典散户心态图

那么如何才能让我们摆脱"七赔"的魔咒，不再重蹈经典散户心态图中的交易噩梦呢？答案就是：计划你的交易，交易你的计划。

这句话是对量化交易非常生动的诠释。要尽可能让自己的买卖交易遵循一定的章法，并且尽可能让这种章法看得见，说得清楚。

图 2.3 展示了一个双均线交易模型。

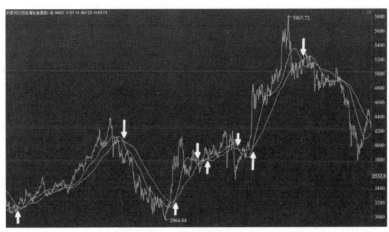

图 2.3　双均线交易模型

这是沪深 300 指数 2016—2022 年的日线走势。图 2.3 中较平滑的两条线，一条是 60 日均线，另一条是 120 日均线。投资者在任何股票行情软件上都能看到这两条线。当 60 日均线上穿 120 日均线时买入，当 60 日均线下穿 120 日均线卖出。这样就算计划好了交易。接下来就是执行交易。

图中向上的箭头是买入位置，向下的箭头是卖出位置。

这个量化交易模型虽然简单，却有效。4 次交易中，2 次赚钱，2 次亏钱。2 次赚的钱比 2 次亏的钱多不少，整体下来还是盈利的。大家可以回顾一下自己过去几年的操作，有没有可能还不如这个模型做得好呢？

举这个例子并不是让所有投资者按照这个模型操作，而是让大家知道，只要开始认真计划交易，用量化的思维指导交易，那么距离成功就前进了一大步。

2.3 量化交易需要多深的数学知识

对于初学者来说，一提到量化交易，大家会不自觉地认为这是一门高深的学问，需要具备较高的数学知识才能胜任。

诚然，随着计算机的普及，量化交易越来越多地与复杂数学知识结合得更加紧密。应用人工神经网络、模糊数学、聚类分析等高阶数学知识构建的复杂量化交易系统确实会把绝大多数初学者挡在门外。但是，当我们回顾量化交易的本质时就会发现，并不是只有用高阶数学知识才能构建量化交易系统，仅仅具备初等数学知识，或者说当我们仅仅具备高中数学知识的情况下依然能设计出简单实用的量化交易模型。

我们要明白一个事实，并不是说应用了高阶数学知识的量化交易系统就一定能在股票市场实现盈利，就一定能获得成功。股票市场涨跌起伏，影响因子实在是有很多，小到内部消息、企业业绩，大到国家政策的颁布、国际局势的变化都会影响股票市场的涨跌。

就以当下最热门的人工智能（AI）技术为例来说明。早在1997年，由 IBM 研发的名为"深蓝"的超级计算机就打败了当时的国际象棋世界冠军加里·卡斯帕罗夫。人工智能技术加持的超级计算机第一次走进大众视野，人们都在憧憬各种各样的应用场景。

2016 年由谷歌（Google）旗下 DeepMind 公司戴密斯·哈萨

比斯领衔的团队开发出的人工智能机器人 AlphaGo 击败了围棋世界冠军、职业九段棋手李世石。在此之前，围棋一直被认为是捍卫人类智慧的最后"高地"，人工智能无论如何也不可能战胜人类的围棋顶尖高手。

既然 AlphaGo 如此厉害和智能，那么它能否在金融市场一展身手呢？我们作为金融圈外的普通人尚且会产生如此思考，那么号称汇聚了全球智慧精英的众多华尔街机构也一定想过甚至已经实践过了。可惜时至今日，6 年多时间过去，我们并未从任何可信渠道听说 AlphaGo 在金融市场，尤其是股票市场成功的应用案例，反倒是时不时会流出某些机构应用某种 AI 技术后亏得一塌糊涂等消息。

由此可以看出，量化投资领域虽然必然存在硬件和软件层面的"军备竞赛"，但是并不意味着技术含量越高就一定能更成功。

股票市场从本质上来说就是一个二级混沌系统。

二级混沌系统是以色列人尤瓦尔·赫拉利在其著作《人类简史：从动物到上帝》中首次提出的概念。他在书中提出，混沌系统分成两级：一级混沌系统和二级混沌系统。

一级混沌系统指的是"不会因为预测而改变"的事物。例如，天气就属于典型的一级混沌系统。虽然天气的形成原因极其复杂，受多方面因素影响，但我们可以通过建立更复杂的计算模型，不断加入新的影响因子，让预测结果和实际无限吻合。我们使用各种手段观测天气、预测天气，这件事本身并不会影响天气系统最终的结果。

二级混沌系统指的是"会受到预测的影响而改变"的事物。预测会改变结果，这个事情初听起来比较玄幻，可实际上我们身边有很多事都是二级混沌系统。比如我们的身体，当一个人去医院检查身体时，突然得知自己身患癌症，大多人在如此精神压力之下，精神就会消极萎靡，总觉得自己时日不多，但心理上不断的暗示会加速病症的扩散。而如果一个人心态健康，积极配合治疗，心情放松，也有一定的概率能延缓或者治愈疾病。

市场本身也是一个典型的二级混沌系统。这里的市场并不单指股票市场，还包括原油市场、期货市场、农产品市场等诸多市场。假设我们开发出了一个计算机程序，它能够精确预测明天的股价，情况会如何呢？可以想象，股价在今天就会因为这个预测而开始波动，最后也就不可能符合这个预测了。比如，我们预测明天这只股票会涨到 20 元，那么为了获利我会在今天大量买入这只股票，买入行为本身就会推高股价，我们的买入行为会影响市场上其他资金的跟随，从而让股价在今天就有可能到达 20 元甚至更高。这样一来，那么明天股价到底是多少，又变成了不可预知的事情。

虽然量化交易需要的数学知识并不是越高深越好，但是既然是定量的交易系统，就必然需要一些数学知识来进行系统的设计。对于本书的目标读者来说，具备高中的数学知识即可。在个别知识点上可能会涉及大学本科阶段的线性代数、概率论等基本知识。至于微积分、矩阵论以及概率论中的高阶知识概念，并不是必需的。读者朋友在后续章节的模型设计中会具体看到，量化交易模型的学习和搭建可能仅仅需要投资者具备初中数学知识就够了。

2.4 是否需要学习编程

很多人一提到量化交易就会联想到要学习计算机编程技术，然后就开始购买编程方面的书进行学习。这其实是一种非常错误的学习路径。

量化交易不等于编程，编程只是提高量化交易效率的生产力工具。

正确的学习路径应该是：先有一个定性的交易思想；然后把交易思想定量化处理成具体的交易规则；接下来对交易规则回测，在回测过程中会用到 Excel 表格工具或者编程工具；回测完毕，达到自己的预期效果后，即可进行实盘操作。大多数情况下，我们普通投资者设计的量化交易模型在实盘操作阶段并不需要编程来完成。很多时候，编程只是为了更高效地进行模型回测。

量化交易的核心是交易思想，也就是说投资者要有一个看起来还不错的点子。

以双均线策略为例，当短期均线上穿长期均线时买入，当短期均线下穿长期均线时卖出。

我们可以从行情软件上下载到股价数据、短期均线数据和长期均线数据。在 Excel 表格中整理好这些数据后，按照策略规则就可以手工进行策略回测，这并不会花费太多的功夫。

学习编程应该以问题为导向，由易到难。如图 2.3 所示的双均线策略，即可在 Excel 表格中进行手工回测。因为策略简单，然后我们就可以尝试用程序来实现表格中的测试数据填充，带着问题去学习编程。

目前只有基础数据，接下来应该怎么用计算机程序来执行手工处理的数据呢？

首先投资者就要学习如何用程序读取 Excel 表格中的数据，然后就是学习如何逐行在表格中把手工处理的数据用程序进行填写。填写完成后，投资者还会想学习如何用图形来显示策略的收益率走势图。

带着问题去学习编程是最有效的学习方法。

学习编程应该用哪种程序语言呢？目前主流的编程语言有 C++、C#、Java、Python 等。相比之下，Python 更加流行，其相关资料非常丰富，学习门槛相对比较低。

无论哪种语言，只要投资者能熟练掌握，就都能完成量化交易的任务。例如，笔者除了使用 Python 语言外，还在使用目前非常小众且古老的语言 Delphi。本书后面章节中涉及的量化模型都是用 Delphi 编写的程序进行测试的。

第 3 章
量化交易的数据准备

俗话说，巧妇难为无米之炊。金融数据是量化交易的基础，只有获取到足够多和信息内容足够丰富的金融数据，才有可能实现量化交易。

3.1 量化交易的数据

金融数据是一个涵盖面非常宽泛的概念，所有涉及金融的数据都可以归入其中，如年度 GDP 数据、CPI 数据、PPI 数据、股票和基金的日、周、年甚至分钟级别的 K 线数据、成交量数据、股票定期报告信息等。

常用金融数据解析如下。

1. 价格数据

价格数据是量化交易中最常用且获取途径最方便的数据。价格数据包括但不限于股票价格、基金单位净值、股票指数点位等。这些数据都是金融交易直接产生的数据，并不需要二次计算，所以获取途径比较多，而且获取非常方便。

价格数据根据统计的时间周期不同，可分为分钟级别、日线级别、周线级别等。我们可以根据量化模型的设计需要选取不同时间周期的价格数据，大多数情况下，日线级别的数据应用最多。

价格数据也可以分为开盘价、收盘价、最高价和最低价。这 4 个价格是针对可以实时交易的股票和场内基金而言的，场外基金只有单位净值，它相当于股票的收盘价。

图 3.1 为某场内基金某日在通达信软

图 3.1 科创 50 ETF

件中的价格。现价就是该基金场内实时的成交价格，待收盘后该现价就代表当日收盘价。今开就是当日开盘价，最高和最低就是当日的最高价和最低价。

一般情况下，我们设计量化模型时使用最多的就是收盘价。本书涉及的几个量化模型基本都是基于收盘价数据进行设计计算的。

以价格数据为基础，可以衍生出非常多的实用数据，如价格均线数据、MACD 数据、KDJ 数据等。

2. 成交量数据

成交量是一种供需的表现，是指一个时间单位内某项交易成交的数量。当供不应求时，人潮汹涌，都要买进，成交量自然放大；反之，供过于求时，市场冷清无人，成交量势必萎缩。而将"人潮"加以数值化，便是成交量。广义的成交量包括成交股数、成交金额、换手率；狭义的也是最常用的成交量仅指成交股数。

需要注意的是，通常人们说的成交量其实指的是成交金额，说明市场的活跃度和资金规模。成交量与成交金额可用公式表示为：

成交数量（成交量）× 成交均价 = 成交金额（成交额）

老股民都知道，市场某些神秘主力会通过股票价格曲线刻意制造出拉升的态势，而这种拉升可能就是为了掩护自己撤退的烟幕弹，俗称"骗线"。而由成交量暴增主导的拉升往往可靠程度要高很多。"量价齐升"的出现，往往意味着后市的上升行情会继续延续。

如果我们想开发一个基于"量价齐升"为基础理念的量化交易模型，就需要成交量数据。

成交量数据和价格数据一样都是市场的基础金融数据，都是市场直接产生的数据，获取方便。在各种金融软件中，成交量数据往往能和价格数据一起获得。

3. 市盈率和市净率数据

市盈率（Price Earnings Ratio，P/E 或 PER），也称本益比、股价收益比率或市价盈利比率。市盈率是指股票价格除以每股收益（EPS）的比率，或以公司市值除以年度股东应占溢利。

市盈率是某种股票每股市价与每股盈利的比率。市盈率通常用于作为比较不同价格的股票是否被高估或者低估的指标。用市盈率衡量一家公司股票的质地时，并非总是准确的。一般认为，如果一家公司股票的市盈率过高，那么该股票的价格具有泡沫，价值被高估。当一家公司增长迅速以及对未来的业绩增长非常看好，利用市盈率比较不同股票的投资价值时，这些股票必须属于同一个行业，因为此时公司的每股收益比较接近，相互比较才有效。

市净率（Price-to-Book Ratio，P/B 或 PBR）指的是每股股价与每股净资产的比率。市净率可用于股票投资分析，一般来说市净率较低的股票，投资价值较高；相反，则投资价值较低，但在判断投资价值时还要考虑当时的市场环境以及公司经营情况、盈利能力等因素。

市净率的计算方法是：

市净率 =P/BV（即每股市价 / 每股净资产）

股票净值即公司资本金、资本公积金、资本公益金、法定公积金、任意公积金、未分配盈余等项目的合计，它代表全体股东共同享有的权益，也称净资产。净资产的多少是由股份公司经营状况决定的，股份公司的经营业绩越好，其资产增值越快，股票净值就越高，因此股东所拥有的权益也越大。

市盈率和市净率是股票市场重要的估值指标。这两个指标，能让我们快速对一只股票或股票指数的价格是否被高估或者低估做出判断。

依据市盈率和市净率可以开发出很多实用的中长期量化模型，在笔者的上一本著作《小散逆袭：手把手教你做量化定投》中对如何利用它们设计量化定投模型有详细的解答，有兴趣的朋友可以去阅读了解。

4.静态数据和动态数据

量化交易在模型回测和模型应用这两个阶段对数据的要求是不同的。在模型回测阶段，只要有某一日期之前的历史数据即可，而在模型应用阶段则需要实时能够更新的数据。

比如，有这样一个量化模型，当股票收盘价超过 N 日最高收盘价时买入该股票，当股票收盘价低于 N 日最低收盘价时则卖出该股票。这个模型中的参数 N 目前是不确定的，需要我们通过模型回测找出基于历史收盘价的最佳参数 N。那么在回测阶段，我们可以通过第三方平台提供的数据下载功能，把该股票过去几年的日收盘价下载到本地，然后再通过 Excel 或者其他编程工具来寻找最佳参数 N。这时我们需要的数据其实是静态数据，这对数据源的要求并不高，相关数据的获取途径还是比较多的。通过模型回测后，假设我们找到了最佳参数 N，对模型的回测结果也比较满意，就进入到模型应用交易阶段。在此阶段，我们就需要每个交易日都能获取到当天的收盘价，从而给出交易指令，这时我们就需要能实时获取收盘价的功能，在专业术语中叫作"量化交易接口"。

3.2 如何获取静态金融数据

静态金融数据是指不能通过实时的行情接口，只能用编程的方法获取的数据。

静态金融数据的获取主要有以下几种途径。

1. 行情软件

主流的股票行情软件有通达信、东方财富、同花顺等，它们都提供了股票行情数据的免费下载功能。

下面以通达信股票软件为例，说明如何下载获取指数 K 线数据。

打开通达信软件，在主界面顶部区域找到菜单栏中的"选项"，单击"选项"，在弹出的菜单中选择"数据导出"选项，如图 3.2 所示。

图 3.2　选择"数据导出"选项

单击"数据导出"后会弹出一个"数据导出"页面，如图 3.3 所示。

图 3.3　"数据导出"页面

软件默认是选择导出"格式文本文件"，这样导出的文件是 TXT 格式的文本。一般情况下，我们需要导出为 Excel 表格文件，所以单击选择"Excel 文件"。在页面下方还可以指定文件导出后存放的位置。

单击"导出"按钮，即可打开下载到本地的 Excel 文件，如图 3.4 所示。

	A	B	C	D	E	F
1			沪深300 （000300）			
2						
3	时间	开盘	最高	最低	收盘	成交量
4						
5	2021/11/08	4841.15	4866.08	4827.69	4848.18	137398272
6	2021/11/09	4858.25	4870.79	4818.54	4846.74	118375528
7	2021/11/10	4832.8	4832.8	4754	4821.19	135118176
8	2021/11/11	4814.77	4898.05	4809.11	4890.65	160484864
9	2021/11/12	4902.93	4909.08	4875.35	4888.37	132662968
10	2021/11/15	4894.41	4906.33	4863.4	4882.38	121823152
11	2021/11/16	4880.9	4915.37	4876.5	4883.32	127254408
12	2021/11/17	4883.25	4891.52	4864.52	4885.75	108459224
13	2021/11/18	4871.42	4871.42	4830.41	4837.62	114480568
14	2021/11/19	4832.06	4892.81	4829.57	4890.06	127198312
15	2021/11/22	4895.39	4919	4893.27	4912.4	138092832
16	2021/11/23	4905.76	4927.52	4896.88	4913.35	154304416
17	2021/11/24	4914.03	4935.49	4899.61	4916.66	137150672
18	2021/11/25	4917.61	4921.33	4891.73	4896.44	115984032

图 3.4　下载到本地的 Excel 文件

2. 第三方付费平台

上述行情软件一般只提供股票价格的免费下载功能。如果想下载更多的金融数据，如指数 PE、PB 数据等，就需要使用第三方付费平台。目前国内这方面的付费平台有 Wind、同花顺的 iFund、东方财富的 Choice 以及理杏仁网站等。

前三个软件虽然功能强大、数据量丰富，但使用费用高昂，对于普通投资者而言性价比较低。相比而言，理杏仁网站收费较低，适合新手使用。该网站的特色是提供了国内外各种指数和公司股票的详细估值数据。其特点是数据全面、特色功能多，如图 3.5 所示。

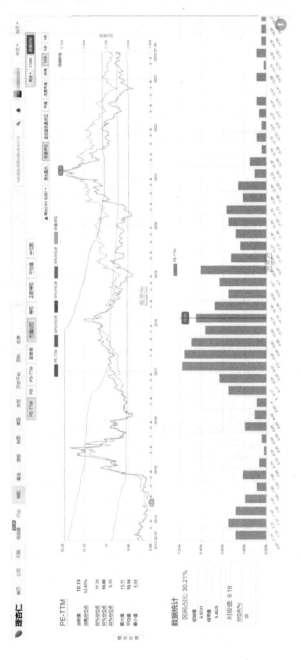

图 3.5　理杏仁网站

3.3 用 Tushare 获取动态金融数据

1. Tushare 简介

Tushare 是国内的一个免费开源的财经数据接口包，有基础版和 Pro 版，基础版可以完全免费使用，Pro 版则需要一定的积分。高校师生可以免费获取一定的积分。

Tushare 有以下几个优点。

（1）开放数据：Tushare 提供了开放的金融数据平台，用户可以使用 API 或者 Python 库访问数据，方便用户进行自己的数据分析。

（2）全面数据：Tushare 涵盖全面的金融市场数据，包括历史交易数据、资金流向数据、财务数据等，可以满足用户的多种数据需求。

（3）实时更新：Tushare 的数据是实时更新的，用户可以及时获取最新的市场数据，进行投资决策。

（4）数据准确性：Tushare 提供的数据准确性较高，有专业的团队进行数据清洗和验证，保证数据的正确性和可靠性。

2. Tushare 数据获取方式

Tushare 可以通过 Python、Matlab、R 语言等方式来获取数据。

在可扩展性方面，Tushare 数据 API 基于标准的 Restful API 设计，用户可以通过多种语言很方便地获取数据。但是，为了节省用户的时间，Tushare 社区已经开发开放了主流编程语言的

SDK，开箱即用，非常方便。

以 Python SDK 为例，仅需要简单几步即可获取所需要的数据。

（1）导入 Tushare。代码如下：

```
import tushare as ts
```

（2）设置 Token。代码如下：

```
ts.set_token('your token here')
```

以上方法只需要在第一次或者 Token 失效后调用，完成调取 Tushare 数据凭证的设置，正常情况下不需要重复设置。用户也可以忽略此步骤，直接用 pro_api('your token') 完成初始化。

（3）初始化 Pro 接口。代码如下：

```
pro = ts.pro_api()
```

（4）数据调取。以获取交易日历信息为例，代码如下：

```
df =.pro.trade_cal(exchange='', start_date='20180901', end_date='20181001', fields='exchange,cal_date,is_open,pretrade_date', is_open='0')
```

调取结果如下：

```
    exchange  cal_date   is_open pretrade_date
0       SSE    20180901    0       20180831
1       SSE    20180902    0       20180831
2       SSE    20180908    0       20180907
3       SSE    20180909    0       20180907
4       SSE    20180915    0       20180914
5       SSE    20180916    0       20180914
6       SSE    20180922    0       20180921
7       SSE    20180923    0       20180921
8       SSE    20180924    0       20180921
9       SSE    20180929    0       20180928
10      SSE    20180930    0       20180928
11      SSE    20181001    0       20180928
```

第 4 章
省心省力的股债平衡模型

经过前面 3 章的学习，我们已经了解了量化交易模型的基础知识，接下来就进入本书的核心章节，即如何打造具体的量化交易模型。本章将详细展示股债平衡模型的设计思路、实现方法和优化方法，同时还会介绍基金风格测算和基金股债比的测算方法。

4.1　股票与债券——投资的矛与盾

在具体介绍本章的重点知识"股债平衡模型"之前，我们有必要先了解一下股票和债券之间的关系。因为只有了解了它们之间的关系，我们才能更清晰地确认股债平衡模型为什么可行，这就是"知其然，还要知其所以然"。只有清楚模型的底层逻辑，从方法论的角度说服我们，我们才敢于进行投资。

4.1.1　投资之矛——股票

股票是对企业所有权的凭证，象征着权益。当我们持有一家公司的股票时，我们实际上就成为这家企业的股东之一。我们能通过持有的股票间接地分享企业发展所带来的红利。在股票市场上交易股票，实际上是我们对企业所有权进行交易，而交易中便产生了股票的价格。

在冷兵器时代，矛是一种进攻性非常强的武器。一矛出击，势大力沉，可瞬间击破对手。用矛来形容股票是再合适不过了。当某家公司因为其优秀的产品获得消费者认可后，不仅产品会大卖，而且其股票也会因此受到市场投资者的追捧。比如，自2017年开始一酒难求的贵州茅台和2022年因为超级混动系统而名声大噪、一车难求的比亚迪。

虽然从理论上来说个股也可以用于实现股债平衡模型，但面对全市场 4000 多只股票，选股也是一件非常让人头疼的事。选股这件事是如此重要和高难度，仅仅选股这件事本身都可以写一本书，而且方法众多。所以为了聚焦我们需要重点学习的量化交易模型，本书后面在谈到"股"这个概念时，一般就是指股票指数，而不是具体个股。

下面以目前使用最多、认可度最高的沪深 300 指数为例进行说明，如图 4.1 所示。

图 4.1　沪深 300 指数

沪深 300 指数从 2005 年 1 月的 1000 点，到 2021 年 12 月的 4940 点，一共经历了 16 年，年化收益率是 9.87%。相对于银行储蓄和理财产品来说，这个收益率已经非常高了。这个数据从侧面说明，股市有可能成为一种不错的理财工具。注意，笔者在这里用了"可能"二字，因为股市还有可能带给用户亏损的结果。还是以沪深 300 指数为例，如果我们把起始的时间点从 2005 年

1 月推迟到 2008 年 1 月，那时的点位是 5483 点，结束时间点不变，那么经历 13 年，年化收益率就是 -0.74%。是的，你并没看错，结果是负数。股市就是这样，买入的时间点和退出的时间点决定了你的收益率。

其实从图 4.1 中我们也能直观地看出，指数本身的波动幅度是比较大的。即便是刚才那个年化收率 9.87% 的结果，过程中间也是经历了数次牛市和熊市交替，大起大落。我们来看一下沪深 300 指数的分年涨跌幅统计表，详见表 4.1。

表 4.1　沪深 300 指数分年涨跌幅

年份	2006	2007	2008	2009	2010	2011	2012	2013
涨跌幅	121.02%	161.55%	-65.95%	96.71%	-12.51%	-25.01%	7.55%	-7.65%
年份	2014	2015	2016	2017	2018	2019	2020	2021
涨跌幅	51.66%	5.58%	-11.28%	21.78%	-25.31%	36.07%	27.21%	-5.2%

A 股历史上有过 4 次比较大的牛市行情，分别是 2006—2007 年、2009 年、2014—2015 年和 2019—2020 年。这 4 次牛市行情，指数涨幅都是非常可观的。假设我们满仓持有股票指数，总资产在这 4 个时间段会快速增长。这就是我们将股票称为"投资之矛"的原因。只可惜，股市并不会永远上涨，而是涨涨跌跌地交替进行。在下跌的熊市中，如果满仓持有指数，那么一样会让我们受损。比如，2008 年的大熊市，下跌了 65.95%。你可以想象一下，年初你有 100 万元市值，年底就只剩下不到 35 万元了，这是灾难级的回撤，很难想象如果家庭财富经受这种下跌，我们的投资和生活会变成什么样。

可能有些朋友会说，我们并不会一直持有股票指数，如果跌了我们也会卖出的。牛市持有股票，熊市开始卖出，这是多么完美的操作。

　　这里我们引出了股市中一个很重要的概念——择时。择时就是选择时机，选择买入的时机也选择卖出的时机。如果我们精进自己的操作技术，能不能达到很高的择时水平，从而实现财富的巨额增值呢？

　　从笔者入市十几年的经验看，择时是一件很难做好的事情。特别是很多散户朋友并没有模型操作的思维定势，他们往往对资金分配和标的的选择都很随意，甚至买入和卖出往往就是因为别人几句话或者什么消息。有钻研精神的朋友，还会刻苦地研究基于 K 线的各种技术指标，他们的想法是通过某种技术指标达到高胜率的买卖操作。笔者不能完全否定，说这是一条死路，但是这一定是一条崎岖无比、胜者寥寥的道路。对于本书的读者，笔者建议大家闲暇时可以阅读相关的书籍作为知识补充，但不要对此过于痴迷。

4.1.2　投资之盾——债券

　　债券是政府、企业、银行等债务人为筹集资金，按照法定程序发行并向债权人承诺于指定日期还本付息的有价证券。债券是国家或者企业向持有人的信用承诺。显然，国家的信用等级是远远高于企业的，所以，一般来说，企业债券承诺的利息收益率会高于国债的利息。高出来的那一部分就是信用的代价。

　　之所以称债券是投资之盾，一是因为它的收益稳定性远远大于股票，二是因为债券和股票在收益率上往往呈现负相关性。

　　债券和股票一样，都是一个市场品类的统称。为了衡量这类

市场整体的走势，股票有股票指数，如沪深 300 指数、中证 500
指数；债券同样也有这样的指数。

不过债券指数在我国起步较晚，真正的爆发期是从 2016 年
才开始的。目前我国债券市场上有中证、上证、上清所编制的各
种债券指数。为了方便我们获取数据，笔者采用上证所编制的企
债指数（代码：000013）来代表债券市场。

下面我们来看一下沪深 300 指数和企债指数 2005—2021 年
的收益率走势图，如图 4.2 所示。

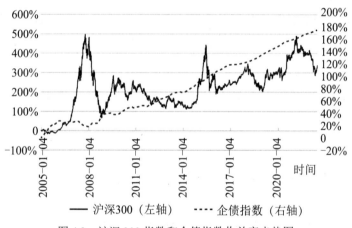

图 4.2　沪深 300 指数和企债指数收益率走势图

笔者采用了双坐标轴来显示沪深 300 指数和企债指数的收
益率。左边的坐标轴表示沪深 300 指数的收益率，右边的坐标轴
表示企债指数的收益率。这是一个作图小技巧。如果只采用单一
坐标轴，由于沪深 300 指数的收益率有 300%，而企债指数只有
180%，在同一坐标轴下，企债指数的图形便会纵向压缩，导致我
们无法直观地看出不同时间段其走势的变化。

通过图 4.2 展示的过去 16 年的情况，我们可以很直观地看出，债券的波动率确实远远小于股票。债券的走势非常稳健，几乎是以一个斜 45°的角度一直增长。这就非常符合债券的本质，约定利息的借款凭证。2005 年 1 月，企债指数 95.75 点，2021 年 12 月是 259.55 点，年化收益率高达 6.05%。

上文还提到过债券和股票之间的负相关性。仔细观察图 4.2，我们能看出，在 2007 年、2009 年、2017 年、2020 年，沪深 300 指数都有非常明显的上涨，而同时期的企债指数要么下跌要么趋于横盘整理。与此相反，在 2008 年、2012 年、2015 年、2018 年沪深 300 指数下跌的年份，企债指数反而都在上涨。

它们二者之间的负相关性也能通过定性的分析来解释。当股票指数开启牛市行情上涨时，市场上的资金会因为逐利性，不断从债券市场向股票市场流动。而这个流动过程就是卖出债券买入股票，卖出的行为会打压债券价格，债券指数当然就会不断走低或者持平。当股票市场由牛市转为熊市后，此时被打压多时的债券指数的到期收益率又比较吸引人了，股票市场中的资金又因为畏惧此时股票指数的高位风险，从而不断卖出股票转而买入债券。买入债券的过程就会不断抬高债券价格，导致债券指数不断上涨。股票和债券之间的"跷跷板"效应就这样神奇地发生了。

股票和债券作为投资的矛与盾，二者对立又统一的特点，简直就是哲学中矛盾论的完美具体化实例。它们是现代资产配置方案的基石和最重要的组成部分。对于我们普通投资者来说，仅仅依靠股票和债券，我们就可以构建出省心省力的资产配置方案——股债平衡模型。

4.2 最基本的股债平衡模型

股债平衡模型最早是由谁提出的，现在已无从考证，目前公认的是本杰明·格雷厄姆在其著作《聪明的投资者》中最早明确提到。在该书（1973年第4版）的第4章"防御型投资者的投资组合策略"中是这样描述的：

作为一项基本的指导原则，我们建议这种投资者投资于股票的资金，绝不能少于其资金总额的25%，且不得高于75%；与此对应，其债券投资的比例则应在75%和25%之间。这里的含义是，两种主要投资手段之间的标准分配比例，应该是各占一半。

从原文中我们能看出格雷厄姆给防御性投资者，也就是风险偏好比较低，不愿意承受太大的风险的投资者推荐的是股债比50%：50%这种模型。这里我们先不去讨论这个比例是否合适，姑且把这个股债比50%：50%的模型称为最基本的股债平衡模型。下面我们一起来仔细剖析这个模型。

基本的股债平衡模型从原理上讲并不复杂，但是笔者相信相当一部分股民和基民还是没有听说过这个模型，或者仅仅只是听说过而已。市面上也有很多书或者论坛中的帖子提到并且回测过这种模型。不过大多投资者可能只是看看，并没有真正地动手回测模型。建议读者接下来能按照笔者的讲解步骤动手回测，为此笔者用 Excel 软件来进行模型回测和演示。

4.2.1　模型阐述

在前面章节中我们讨论过什么是量化交易模型。如果读者是第一次接触到这个概念，那么前面的讲解可能只是让读者有个基本概念，接下来本章的内容会让读者深切体会到量化交易的魅力。

用语言来描述模型就是：将现有资金平均分成两部分，一部分买入沪深 300 指数，另一部分买入企债指数。这是初始状态，此时，股票指数占总资金的比例是 50%。后面，股票指数会涨也会跌，那么定期检查自己的持仓状态，如果沪深 300 的占比超过 50%，如已经到达 60%，就卖出 10% 的沪深 300 指数，卖出的资金买入企债指数，让股和债的比例依然维持在 50%∶50%。这个过程就是体现出"平衡"的概念。

这个模型基本算是一个完备的交易模型了。为什么说"基本"呢？因为还有一个关键之处没有量化明确。上文中提及的"定期检查持仓状态"，这个定期需要进一步明确。例如，到底是一个月检查一次还是半年检查一次呢？这个关键问题不能含糊，必须明确。在这个基本模型中，笔者将这个时间周期设为每半年检查一次。

这样，我们就得到了一个非常完备的量化交易模型：交易标的，也就是买卖什么明确了；什么时候买卖明确了；每次买卖多少也明确了。这时的模型就像一个人工智能（AI），可以按照我们事先制定的交易规则自动完成交易，过程中并不需要我们人工干预。一旦规则确定了，就完全排除了人为的因素。这是量化交易与传统交易区别最大的地方。

为了方便与后面的改进模型进行比较，这里我将这个模型命名为：五五开模型。

五五开模型的交易规则如下。

交易标的：用沪深 300 指数（代码：000300）来代表股，用企债指数（代码：000013）来代表债。

初始状态：用全部资金的一半买入沪深 300 指数，另一半买入企债指数。

过程规则：每半年检查一次持仓。若沪深 300 的市值占总资金的比例大于 50%，则卖出多余的部分，将卖出的资金买入企债指数；若沪深 300 的市值小于 50%，则卖出多余的企债指数，买入沪深 300，即在每个检查日，强制将股债比维持在 50% ： 50%。

至此，我们将一个抽象的股债平衡策略具体化为一个完备的量化交易模型。接下来要做的工作就是回测。

4.2.2　模型回测

1. 数据准备

前面章节中我们已经详细介绍过如何从不同的平台下载数据。我们需要下载沪深 300 指数和企债指数的日线数据或者周线数据。这里笔者提到了两种数据——日线和周线。除此之外，其实还有月线数据。日线数据就是指数每个交易日的收盘价都有，精确度比较高；周线数据则只记录每个自然周最后一个交易日的收盘价；月线就是只记录每个自然月最后一个交易日的收盘价。至于具体选用哪种数据来做回测，需要根据每个模型的特点来决定。对于股债平衡模型来说，笔者认为用周线数据即可。

下载好指数的周线数据到 Excel 表中，两个表格的数据一定要用 VLOOKUP 函数，通过日期来进行数据匹配。在实际操作中，有些新手为了图省事会认为既然两个指数的时间段是一样的，那么数据的行数必然也一样，于是会用复制粘贴的方式直接将一个指数的收盘价复制到另一个指数的表格中。这种操作，可能在大多数情况下没有问题，但如果平台缺失某一天或某几天的数据，就会导致数据匹配错误。而这种错误很可能并不容易发觉，从而对测试结果产生不可预知的影响。所以，建议读者从一开始就要养成良好的习惯，用 VLOOKUP 函数进行匹配。

数据匹配完后，依然不要急着去做回测，还要检查一下有无匹配错误或者未匹配成功的情况。如果没有匹配上，单元格会出现如图 4.3 所示的 "#N/A"。

交易时间	沪深300	企债指数
2005-01-07	983.96	95.75301
2005-01-14	988.31	95.996
2005-01-20	982.60	#N/A
2005-01-28	969.21	97.40301

图 4.3　数据匹配

对于这种情况，一般的处理办法是用上一个交易记录的数据替代。在图 4.3 中，如果 2005-01-20 当天企债指数没有数据，就可以用 2005-01-14 当天的数据替代。这样做也是符合实际情况的。需要注意的是，千万不要用下一个交易记录去替补上一个交易记录，这样做一定会是回测的灾难。

上面介绍的这些在量化领域有个专门名词，叫作 "数据清洗"。如果大家学习更多的量化知识，就会发现以后会接触到更多感觉 "高大上" 的名词。这其实是计算机领域的一种传统方法——创造新名词。我们不必过度关心这些名词，只需要知道这些名词背后真正的含义即可。

2. 回测时间段的选择

有了历史数据，接下来我们需要立即面对的问题就是选择从哪个时间点开始进行回测，以及到哪个时间点结束回测。

回测的本质就是按照我们制定好的规则，忠实地记录过去每天或者每周末我们账户的资金和持股状态。它就是一个账本。

对于量化模型来说，回测时间段的选择非常重要。因为我们需要有足够长的历史数据，包含更多的市场形态，如牛市、熊市、震荡市等。我们需要在不同的市场形态中观察模型的运行效果。毕竟对于一个完备的模型来说，应对不同的市场形态是必须要面对的问题。我们所创建的模型不能只在牛市有效，而在震荡市就很糟糕。

中国股市从 1990 年诞生至今，一共只有 30 多年的历史。沪深 300 指数目前能下载到的最早数据是从 2005 年开始的。2006 年、2007 年，A 股经历了前所未有的大牛市。随后 2008 年，又因为全球金融危机，经历了前所未有的大熊市。笔者之前在进行量化模型回测时发现，对于很多模型，一旦把这次大牛市加入，模型的收益率等指标就会大幅提升。如果想要得到漂亮的回测数据，就应该把这个时间段纳入进来。但是笔者更习惯剔除这个时间段。因为 2008 年以前的 A 股和现在的 A 股所面对的外部环境和自身情况都发生了巨大变化。很难想象 2022 年的 A 股还有发生牛市涨五六倍的情况。同时，剔除这个大涨大跌的时间段，也算是在一定程度上让模型在稍微严苛的环境中进行测试。

所以，综合各种因素后，模型的回测时间段这里选择的是

2010—2021 年，一共 11 年。

3. 回测的具体实现

很多书在讲解回测这个部分时都会一笔带过，并不会把细节展开介绍。他们大多都会直接把回测的结果告诉大家。对于熟悉 Excel 操作的并且自己以前做过回测的朋友来说，这确实是一件很简单的事情，似乎没必要讲得很详细。但是笔者通过之前与网友的沟通，感觉大多数读者对利用 Excel 进行回测还是十分陌生的。为了照顾更多的初学者，本书在这里会做到尽可能细致地展示，力争使大家看完这些章节后能轻松复现回测过程。这个过程很基础，也很简单，跨过这一步，就算是走进量化世界的大门了。

经过前文的步骤，我们现在的 Excel 表格中应该有如图 4.4 所示的数据。

	A	B	C	D	E	F
1	交易时间	沪深300	企债指数	沪深300市值	企债指数市值	总资产
2	2010-01-08	3480.13	133.90	50000	50000	100000
3	2010-01-15	3482.74	134.32			
4	2010-01-22	3366.20	134.97			
5	2010-01-29	3204.16	135.46			
6	2010-02-05	3153.09	136.04			
7	2010-02-12	3251.28	136.59			
8	2010-02-26	3281.67	136.94			
9	2010-03-05	3259.76	137.67			
10	2010-03-12	3233.13	137.90			
11	2010-03-19	3293.87	138.08			
12	2010-03-26	3275.00	138.43			
13	2010-04-02	3407.35	138.40			
14	2010-04-09	3379.17	138.29			

图 4.4　回测初始数据

图 4.4 中，表格 A 列是交易时间，是按照每周的频率出现的。B 列是沪深 300 指数在该交易时间当天的收盘价。C 列是企债指数在该交易时间当天的收盘价。大家注意，一般我们进行模

型回测时都会选择收盘价来进行计算，并不会去选择开盘价或者最高价和最低价，除非模型有特别的需要。

D 列用于记录每个交易时间模型中持有沪深 300 指数的市值。E 列记录企债指数的当天市值。F 列则是记录当天的二者之和，也就是模型总资产。

D、E、F 列的内容并不是一成不变的，我们可以根据模型的需要进行添加和删除。对于五五开模型来说，只需要这三列即可对模型的细节进行很好的记录，我们并不需要再增加列去记录每个指数当天的市值占比。但是如果五五开模型继续进行改进，还是会继续增加列的，后面我们便会见到。

图 4.4 中，除去标题行的第一行，我们还进行了赋值。这是一个模型最开始的状态。按照五五开模型的规则，我们假定在 2010 年 1 月 8 日当天我们有 10 万元，在临近收盘时，以收盘价买入两个指数，各 5 万元。这里需要注意，虽然我们在真实的交易中并不能直接去买卖指数，但是在回测中并不妨碍我们把指数看作一个可交易的标的。

接下来就该发挥 Excel 表格函数的威力了。

如图 4.5 所示，在表格中 D3 单元格的位置，表示的是 5 万元市值的沪深 300 指数经过一周后，在 2010 年 1 月 15 日收盘时的市值。这是一个非常简单的比例计算。在 D3 单元格中，我们输入"=B3*D2/B2"，按下回车键后，Excel 就会帮助我们计算出 2010 年 1 月 15 日当天沪深 300 指数的市值。

同理，在 E3 单元格中输入"=C3*E2/C2"，就能计算出 2010 年 1 月 15 日企债指数的市值。F3 单元格是 15 日当天二者的和，那么 F3 单元格中应该输入"=D3+E3"。

	A	B	C	D	E	F
1	交易时间	沪深300	企债指数	沪深300市值	企债指数市值	总资产
2	2010-01-08	3480.13	133.90	50000.00	50000.00	100000.00
3	2010-01-15	3482.74	134.32	50037.50	50158.33	100195.83
4	2010-01-22	3366.20	134.97			
5	2010-01-29	3204.16	135.46			
6	2010-02-05	3153.09	136.04	D3	E3	F3
7	2010-02-12	3251.28	136.59			
8	2010-02-26	3281.67	136.94			
9	2010-03-05	3259.76	137.67			
10	2010-03-12	3233.13	137.00			
11	2010-03-19	3293.87	138.08			
12	2010-03-26	3275.00	138.43			

图 4.5　回测公式细节

这样，我们就得到了五五开模型在 2010 年 1 月 15 日当天的持仓状态和总资产。后面还有很多各交易日需要输入交易数据，不过我们不必像输入 2010 年 1 月 15 日交易数据那样麻烦了。因为它们都遵守相同的交易规则，可以利用 Excel 的快速复制功能。用鼠标左键一次性框选 D3、E3、F3，在出现的边框右下角小黑点处，双击鼠标左键，就会发现表格中下面所有行的数据都会自动填满，如图 4.6 所示。

D4			f_x =B4*D3/B3			
	A	B	C	D	E	F
1	交易时间	沪深300	企债指数	沪深300市值	企债指数市值	总资产
2	2010-01-08	3480.13	133.90	50000.00	50000.00	100000.00
3	2010-01-15	3482.74	134.32	50037.50	50158.33	100195.83
4	2010-01-22	3366.20	134.97	48363.14	50400.68	98763.82
5	2010-01-29	3204.16	135.46	46035.06	50585.15	96620.21
6	2010-02-05	3153.09	136.04	45301.32	50800.62	96101.94
7	2010-02-12	3251.28	136.59	46712.05	51006.37	97718.42
8	2010-02-26	3281.67	136.94	47148.67	51137.44	98286.11
9	2010-03-05	3259.76	137.67	46833.88	51410.41	98244.30
10	2010-03-12	3233.13	137.90	46451.28	51494.81	97946.09
11	2010-03-19	3293.87	138.08	47323.95	51563.14	98887.09
12	2010-03-26	3275.00	138.43	47052.84	51694.21	98747.05
13	2010-04-02	3407.35	138.40	48954.35	51680.77	100635.12

图 4.6　回测细节

图 4.6 中，单元格 D4（黑色方框）的公式为"=B4*D3/B3"。实际上，如果我们真的持有沪深 300 指数，那么沪深 300 指数的

市值就是这个数。

从 2010 年 1 月到 2021 年 12 月，一共有 615 个周数据，使用刚才的方法，我们很快就得到了全部日期的数据。这就是 Excel 的便捷之处，能够大大节约计算的时间。

至此，五五开模型就这样回测计算完毕了吗？我们再回头看一下五五开模型的规则，会发现我们似乎还遗漏了一个最重要的步骤——再平衡。我们还需要每半年对沪深 300 指数和企债指数的市值进行再平衡操作。

交易是从 1 月初开始的，那么半年后就是 7 月初。我们在表格中找到 7 月 2 日当天的数据，如图 4.7 所示。这时，我们需要将自己代入到当天去考虑一下，五五开模型运行到 7 月 2 日。这天我们需要进行二者之间的市值再平衡。如图 4.8 所示，D 列记录的沪深 300 市值是 36408.12 元，E 列的企债指数市值是 52923.14 元，总资产是 89331.27 元。经过半年时间，沪深 300 指数下跌，所以假如一直持有，那么我们这部分的市值就从最初的 5 万元跌到了 36408.12 元。这时进行仓位平衡，就是把总资产 89331.27 元一分为二，沪深 300 市值就从 36408.12 元变成 44665.63 元。企债指数的市值也变为 44665.63 元。

	A	B	C	D	E	F
1	交易时间	沪深300	企债指数	沪深300市值	企债指数市值	总资产
23	2010-06-11	2758.87	141.19	39637.46	52721.87	92359.32
24	2010-06-18	2696.17	141.12	38736.63	52696.10	91432.73
25	2010-06-25	2736.29	141.15	39313.04	52709.17	92022.21
26	2010-07-02	2534.10	141.73	36408.12	52923.14	89331.27
27	2010-07-09	2647.10	141.92	38031.63	52995.21	91026.84
28	2010-07-16	2616.13	141.98	37586.67	53017.62	90604.29

图 4.7　模型再平衡

	A	B	C	D	E	F
1	交易时间	沪深300	企债指数	沪深300市值	企债指数市值	总资产
23	2010-06-11	2758.87	141.19	39637.46	52721.87	92359.32
24	2010-06-18	2696.17	141.12	38736.63	52696.10	91432.73
25	2010-06-25	2736.29	141.15	39313.04	52709.17	92022.21
26	2010-07-02	2534.10	141.73	44665.63	44665.63	89331.27
27	2010-07-09	2647.10	141.92	46657.35	44726.46	91383.81
28	2010-07-16	2616.13	141.98	46111.48	44745.37	90856.85

图 4.8　模型金额处理

我们修改了 7 月 2 日的数据后并不需要对下面日期的数据进行修改，因为它们依然是遵守之前的计算公式的，下面的数据会自动根据我们修改的数值重新计算，因此非常便捷。

接下来我们就是需要在每年的 1 月初和 7 月初这两个交易日进行仓位再平衡，重复图 4.8 中的操作。这次回测一共是 11 年，需要 20 次这样的操作。如果像笔者一样，比较熟悉刚才的操作，那么做下来大约需要 20 分钟，整个五五开模型的 Excel 回测大约需要 30 分钟。

4.2.3　模型评价

1. 图表可视化

回测结束后，我们得到的都是 Excel 表格中密密麻麻的数字。如果只看这些数字是非常不直观的，我们必须把这些数字变成可视化图表。在表格中，总资产这一列的数字变化是最重要的，因为它代表了我们账户里的资金。另外，我们还需要看清楚账户总资产和沪深 300 指数二者之间的走势关系。如果只看总资产，就会缺乏市场参照。沪深 300 指数就是目前最主流的市场参照标的。

借助 Excel 的图表插入功能，我们可以很迅速地画出总资产和沪深 300 的走势图，如图 4.9 所示。

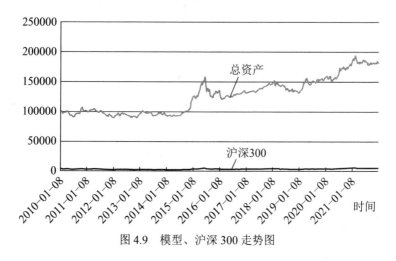

图 4.9　模型、沪深 300 走势图

这时你一定会发现图 4.9 中的问题，代表沪深 300 指数的曲线几乎只在纵轴坐标的 0 附近，似乎上下波动很小。出现这种情况的原因是我们直接使用了沪深 300 指数的点位数据和总资产本身。它们一个在 2000 ～ 4000 波动，而另一个在 100000 ～ 200000 波动。在统一的纵轴坐标体系中，沪深 300 的曲线当然就只能在极小的范围内波动了。

为了解决这个问题，通常情况下会使用二者相对初始值的增长百分率。那么这时我们就需要在表格中再添加两列用于表示二者的增长百分率，如图 4.10 所示。

	A	B	C	D	E	F	G	H
1	交易时间	沪深300	企债指数	沪深300市值	企债指数市值	总资产	沪深300增长率	总资产增长率
2	2010-01-08	3480.13	133.90	50000.00	50000.00	100000.00	0.00%	0.00%
3	2010-01-15	3482.74	134.32	50037.50	50158.33	100195.83	0.07%	0.20%
4	2010-01-22	3366.20	134.97	48363.14	50400.68	98763.82	-3.27%	-1.24%
5	2010-01-29	3204.16	135.46	46035.06	50585.15	96620.21	-7.93%	-3.38%
6	2010-02-05	3153.09	136.04	45301.32	50800.62	96101.94	-9.40%	-3.90%
7	2010-02-12	3251.28	136.59	46712.05	51006.37	97718.42	-6.58%	-2.28%
8	2010-02-26	3281.67	136.94	47148.67	51137.44	98286.11	-5.70%	-1.71%
9	2010-03-05	3259.76	137.67	46833.88	51410.41	98244.30	-6.33%	-1.76%
10	2010-03-12	3233.13	137.90	46451.28	51494.81	97946.09	-7.10%	-2.05%

图 4.10　模型增长率

增长率也可以用函数快速实现。在 G2 单元格中输入"=(B2-$B$2)/$B$2",在 H2 单元格中输入"=(F2-$F$2)/$F$2",再利用上文提到的快速复制方法就可以迅速把下面所有行的数据计算完毕。这时,我们连选 A、G、H 列,插入表格后就可以得到如图 4.11 所示的走势图了。

图 4.11　模型、沪深 300 增长率走势图

像图 4.11 这样的总资产增长率和沪深 300 指数增长率走势对比图是我们今后回测任何模型时都要用到的,也是最重要的可视化图表。这张图实际上包含了我们在模型中需要知道的一切信息。它非常直观,能够让我们一眼即可对模型的运行效果进行直观的评价。很多时候,我们甚至只需要看到这种图,就可以大致判断出这个模型或者这只基金是否是我们想要的。

我们一起来欣赏一下图 4.11 这张图吧(这里笔者用了"欣赏"这个词,很感性。事实上,笔者对本书中的所有量化模型都是抱着欣赏的态度,笔者非常喜欢这些量化模型,以至于经常沉迷于对它们的改进)。

先看最终的结果,五五开模型的最终收益率是 80%,沪深

300 的收益率是 40%。相比于指数，模型有一倍的超额收益率，这是很棒的结果。其次，我们注意到 2010—2014 年这 4 年的熊市中，模型并没有出现非常显著的下跌，整体是一种横盘震荡走势。从图 4.11 中能看出，这 4 年中沪深 300 指数有两次最大回撤率接近 40%，而对比模型在这两个时间点的回撤来看，大约只有 9% 左右。相比于指数，在熊市能有如此低的回撤率，是非常吸引人的。

观察图 4.11 中沪深 300 指数，每次熊市的下跌，模型的回撤率都只有指数的一半不到，有时甚至更少。而在沪深 300 指数牛市行情中，模型又能达到指数 50% 甚至更大的涨幅。在震荡行情中，模型能缓步向上。市场行情无非就是 3 种形态，即上涨、下跌和震荡。从图 4.11 中我们可以定性地大约看出，模型在这 3 种行情下的表现，简单总结就是，上涨时能跟得上，下跌时能跌得少，横盘时稳着涨。

看图定性分析后，我们还需要一些精确的数字。一般评价一个模型还需要看回测时间段内每一年的涨跌情况，详见表 4.2。

表 4.2　五五开模型分年涨跌幅

年　　份	沪深 300	五五开模型
2010	−10.11%	0.35%
2011	−25.01%	−10.95%
2012	5.73%	6.74%
2013	−7.12%	−1.18%
2014	53.41%	32.42%
2015	5.58%	7.36%
2016	−11.28%	−2.53%
2017	21.78%	11.72%
2018	−25.31%	−10.26%

续表

年　　份	沪深 300	五五开模型
2019	33.59%	19.52%
2020	29.57%	16.75%
2021	−5.20%	−0.30%

表 4.2 是图 4.11 的数字化体现。每个自然年的涨跌是我们最熟悉的时间跨度划分方式。比如，在跌幅最大的 2011 年和 2018 年，沪深 300 指数分别跌了 25.01% 和 25.31%。在这两年如果满仓持有沪深 300 的指数基金将是非常难熬的。而模型在这两个年度的跌幅分别只有 10.95% 和 10.26%，都不到指数跌幅的一半。还有在 2016 年，沪深 300 指数下跌 11.28%，而模型只跌了 2.53%，更是只有指数跌幅的五分之一。

2. 波动率的计算

波动率是金融资产价格的波动程度，是对资产收益率不确定性的衡量，用于反映金融资产的风险水平。波动率越高，金融资产价格的波动越强烈，资产收益率的不确定性就越强；波动率越低，金融资产价格的波动越平缓，资产收益率的确定性就越强。

在本书中，笔者采用涨跌幅的标准差来等价波动率。

下面先详细讲解一下如何在 Excel 中计算波动率。

首先我们需要在五五开模型的 Excel 表格中再增加一列，标题命名为"沪深 300 涨跌幅"，如图 4.12 中的 J 列所示。

	A	B	C	D	E	F	G	H	J
1	交易时间	沪深300	企债指数	沪深300市值	企债指数市值	总资产	沪深300增长率	总资产增长率	沪深300涨跌幅
2	2010-01-08	3480.13	133.90	50000.00	50000.00	100000.00	0.00%	0.00%	
3	2010-01-15	3482.74	134.32	50037.50	50158.33	100195.83	0.07%	0.20%	0.07%
4	2010-01-22	3366.20	134.97	48363.14	50400.68	98763.82	−3.27%	−1.24%	−3.35%
5	2010-01-29	3204.16	135.46	46035.06	50585.15	96620.21	−7.93%	−3.38%	−4.81%
6	2010-02-05	3153.09	136.04	45301.32	50800.62	96101.94	−9.40%	−3.90%	−1.59%
7	2010-02-12	3251.28	136.59	46712.05	51006.37	97718.42	−6.58%	−2.28%	3.11%
8	2010-02-26	3281.67	136.94	47148.67	51137.44	98286.11	−5.70%	−1.71%	0.93%

图 4.12　模型增加 J 列

在 J3 单元格中输入"=(B3-B2)/B2"，然后快速复制公式到下面所有行，就可以得到沪深 300 指数每个交易时间相对于上个交易时间的涨跌幅。这里的涨跌幅可以理解为周涨跌幅。

有了这个数据列，在表格的旁边空白单元格中输入"=STDEVP(J3:J615)"，这里使用了 Excel 自带的标准差计算函数 STDEVP。数据的范围就是 J 列从第 3 行开始一直到最后交易时间所在行，也就是第 615 行。按回车键后，就能得到一个数字。一般情况下，这个数字是小数。比如，这个五五开模型的计算出来的数据是 0.029836。这个数据的含义是，沪深 300 指数在 2010 年 1 月 8 日到 2021 年 12 月 31 日这个时间段内，周线级别的波动率为 2.98%（四舍五入）。我们这里可以直观地理解为沪深 300 指数在上述时间段内每周的涨幅或者跌幅大概率是 2.98%。

这是周线级别的波动率数据，我们一般习惯使用年化波动率数据，因为这样理解起来就和表 4.2 在一个量级了，也比较容易从直观上理解数据。那么这里就涉及周线级别数据和年化数据的转化问题。笔者直接给出计算公式，大家以后遇到类似问题都可以套用，即

$$年波动率 = 周波动率 \times \sqrt{50}$$
$$年波动率 = 日波动率 \times \sqrt{250}$$

解释一下上述两个公式根号中数字的含义。50 表示一年大约有 50 个交易周，250 表示一年大约有 250 个交易日。原本一年是 365 天，但是 A 股在公休日肯定不开盘，国家法定节日也不开盘。如此计算下来，一年大约就是有 250 个交易日。这是一个近似数，读者可能也在别的著作中看到有人会用 255 或者 252 等，这里的差别都非常细微。只要读者在自己的模型评价中前后保持

一致即可，笔者习惯用 250 这个数据。

公式有了，在 Excel 中利用自带的平方根函数即可计算。刚才我们得到的周线级别波动率是 0.029836，输入"=SQRT(50)*0.029836"，得到 0.210969。这个数字的含义就是沪深 300 指数的年化波动率是 21.1%。这里有必要再解释一下：这样计算出的年化波动率是基于一个时间序列中某个时间点的结果，21.1% 反映的是在 2021 年 12 月 31 日这天，我们计算了 2010 年 1 月一直到 2021 年 12 月这 11 年每周的指数涨跌幅时间序列后得到的标准差。

波动即代表风险。标准差就是波动率，波动率就是度量风险的尺子。当我们计算出沪深 300 指数的年化波动率是 21.1% 时，就应该立刻感性地认识到一点，那就是投资沪深 300 指数，有可能在一年内亏 21.1%，当然也有可能赚 21.1%。我们常听说股票投资风险大，到底有多大呢？波动率就从数学上给出了一个可以量化的概念。

按照上面的方法，我们可以很容易计算出模型总资产的波动率，也就是模型的波动率 10.68%。这个数字基本约等于 21.1% 的一半。五五开模型中股和债资金对等的，我们从波动率的角度也得出了五五开的结论。

3. 夏普比率的计算

夏普比率是衡量一只基金或者一个模型投资效率的重要技术指标。下面我们来计算一下模型的夏普比率。夏普比率的原公式是

$$夏普比率 = \frac{平均报酬率 - 无风险报酬率}{标准差}$$

其中：平均报酬率我们可以用模型的年化收益率来表示；标准差就是上文中我们计算出来的模型波动率；无风险报酬率是指社会无风险收益率，如国债收益率、银行存款利率等。在笔者的实践中，为了减少模型的计算量，并不会再刻意把诸如银行存款利率等找出来放入公式中去计算，而是直接把无风险报酬率按照0处理。所以，经过改造后的夏普比率公式为

$$夏普比率=\frac{年化收益率}{年化波动率}$$

公式的含义是模型或者基金承受单位风险的情况下能获得的收益。

根据上文的计算，模型的年化波动率是10.68%。还需要计算出模型的年化收益率。我们知道模型在2010年1月8日到2021年12月31日，总资产从100000元增长到了182185.57元。知道了起始资金情况和时间区间，在Excel中用XIRR函数就可以快速计算年化收益率，如图4.13所示。

B4　　fx　=XIRR(B2:B3,A2:A3)

	A	B	C	D	E
1	时间	资金			
2	2010-1-8	-100000			
3	2021-12-31	182185.5713			
4		0.051318505			

图4.13　XIRR函数

在B4单元格中输入“=XIRR(B2:B3,A2:A3)”，得到的就是年化收益率。计算后得知模型的年化收益率是5.13%。

那么模型的夏普比率就是5.13%/10.68%=0.48。

单独看夏普比率是没有意义的，这个数据必须和指数或者模型的夏普比率放在一起比较才有意义。这就是为什么我们经常听

人说，用夏普比率来选基金很好用。在这里，我们需要对比的就是沪深 300 指数。

沪深 300 指数的年化波动率是 21.1%，年化收益率是 2.97%，那么其夏普比率就是 2.97%/21.1%=0.14。

计算出来了两个数字——0.48 和 0.14，笔者估计很多朋友看到这里还是会一头雾水。下面给大家解释一下怎样去理解和认识这两个数字。

我们把五五开模型和沪深 300 指数当成两个独立的金融产品。五五开模型的夏普比率是 0.48，可以理解为如果购买了这个模型，那么意味着未来每承受亏 1 元的风险，能得到 0.48 元的收益。同理，沪深 300 指数的夏普比率是 0.14，就意味着每承受亏 1 元的风险能得到 0.14 元的收益。在同样都是承受亏 1 元风险的前提下，显然模型赚的钱更多，那么买模型就比买指数划算得多。

夏普比率是进行基金筛选的重要指标，很多第三方基金销售平台都会在基金页面显示该基金的夏普比率。但是大家会发现不同平台对同一个基金给出的夏普比率数值往往不一样，有些差别还非常大。出现这种情况的原因主要是在无风险收益率的选择上会有差别，其次是夏普比率的计算周期不同，有些是近 3 年，有些是近 5 年。这些都会导致计算出的最终数值有差别。所以大家在使用该指标时要注意不要跨平台使用。

夏普比率的数值只有在该回测时间区间比较看才有意义。比如，五五开模型的回测时间区间是 2010 年 1 月到 2021 年 12 月，如果回测时间区间变为 2014 年 7 月到 2021 年 12 月，那么结果会发生比较大的变化。一般来说，模型或者指数的长周期波动率相对来说变化不是很大，但是年化收益率是会发生很大变化的。

正因如此，导致了不同时间区间计算出的夏普比率数值变化很大。所以大家记住，夏普比率只有比较的意义。

4. 最大回撤比率的计算

在评价量化模型优劣时我们经常需要计算"最大回撤比率"。它和波动率一样都是衡量风险的指标。波动率指标衡量的是一般情况下的风险，也就是我们常说的大多数情况下会亏多少；而最大回撤比率衡量的是在历史最极端情况下我们会亏损多少。

注意，最大回撤比率这个指标非常依赖回测的时间段选择。我们可以回想一下沪深 300 指数过往的走势图，最近一次大幅回撤发生在 2015 年下半年。如果在回测模型时没有包含 2015 年，那么测试出的最大回撤比率会低不少。同时这个指标也和其他所有指标一样，都是基于过去已经发生的事情进行度量。未来当然也有可能发生更糟糕的情况。

这个指标计算的原理是：在回测时间段内计算出每个时间点往后推的最低点，当前时间点的数值对应最低点的数值的收益率就是该时间点的最大回撤率。计算出最后时间点的最大回撤率后，找出最大的回撤率数值，就是该模型在回测时间段的最大回撤比率。

这个指标在 Excel 中同样可以快速计算出来，如图 4.14 所示。

	N2	▾	⊕ fx	=(B2-MIN(B2:$B$616))/B2
	A	B	N	
1	交易时间	沪深300	最大回撤率	
2	2010-01-08	3480.13	39.00%	
3	2010-01-15	3482.74	39.05%	
4	2010-01-22	3366.20	36.94%	
5	2010-01-29	3204.16	33.75%	
6	2010-02-05	3153.09	32.67%	
7	2010-02-12	3251.28	34.71%	

图 4.14　计算最大回撤率

在模型数据表格中新建一列 N，命名为"最大回撤率"。在 N2 单元格中输入"=(B2-MIN(B2:$B$616))/B2"，回车后按照快速复制方法，就可以得出每周时间点的最大回撤率。

连选 A、B、N 三列，使用插入图表功能，就能绘制出沪深 300 指数和其最大回撤率的对比图，如图 4.15 所示。

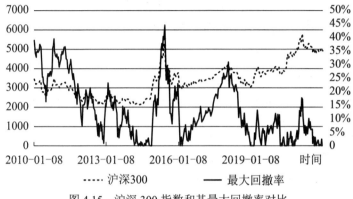

图 4.15　沪深 300 指数和其最大回撤率对比

最大回撤率走势图也是评价量化模型时常用到的一种图形。

通过图 4.15，可以确定 2015 年时，沪深 300 指数有一次高达 40% 以上的最大回撤。查询表格后，可以精确地知道在 2015 年 6 月 12 日，指数随后迎来了回测历史上最大的回撤比率 44.78%。

用相同方法可以计算出模型的最大回撤比率是 24.32%，也是发生在 2015 年 6 月 12 日。

4.2.4　模型的参数优化

量化模型的一个重要特点是需要对模型的中的参数进行优化选择。通过对模型中的参数赋予不同的数值，得到不同的回测结果。我们就可以在对比中，选择出自己最满意的模型参数。

回顾上文中的五五开模型规则，我们可以提取到这个模型共有两个参数：一个是股票和债券在每次再平衡时都按照50%：50%的规则进行操作；另一个是每半年进行一次再平衡操作。

第一个参数显然可以更改为很多其他的比例，鉴于改变这个参数会显著改变模型的输出结果，因此这部分内容会放在本章后面的小节中进行讲解。

第二个参数是再平衡的周期。在五五开模型中，这个周期使用的是半年。那么我们很自然会想到如果再平衡的周期是一个月或者一年会如何呢？是会提高模型的收益率还是降低呢？在没有进行回测前，这些问题光凭想象很难给出答案。

1. 基于时间的再平衡

接下来，我们需要对这个参数明确要回测的具体数值。每一个数值对应的就是一个模型。因为回测使用的指数数据是周线数据，所以再平衡周期的最小数值就是1周，最大数值是回测的时间段，2010年1月至2021年12月，一共615周。理论上来讲，再平衡周期的可选择范围就是1～615，一共就是615个数值。如果都进行回测一定是一项工作量非常巨大的任务。大家记住，对于我们这些业余的量化模型学习者而言，在学习中不要求全责备。一方面是因为我们的客观条件限制，没有高效方便的系统；另一方面是因为也没必要这样做。虽然从理论上来讲，对这615个数值都进行模型回测能得到非常全面的结果，但是我们其实并不需要这么全面的数据。股债平衡模型本身就是一套容错性非常好的模型，它并不需要十分精确的数据。因此，我们完全没有必要全部进行测试，只需要进行参数的抽样选择即可。

上文中的五五开模型，再平衡周期是半年，那么我们就可以选择 1 个月、3 个月、半年、一年这 4 个参数数值。

将这几个参数带入到五五开模型的规则中，其他条件均不改动，然后进行逐个回测。

具体的回测过程这里不再赘述，按照上文的方法在 Excel 中回测计算即可。尽管只回测 4 个参数数值，但是回测工作量依然不小，尤其是 1 个月再平衡一次这个模型。当然如果你具备一些编程技能，就会大大加快回测的速度。这里大家就能体会到学会编程对学习量化交易有多么重要了。编程技能是一种手段，是一种工具。带着明确目的去学习编程往往能事半功倍。就像现在我们面临的工作，你可以用你熟悉的任何编程语言，如 C++、Python 等，更高效地实现回测过程。

下面我们用表 4.3 来展示这 4 个参数所对应的模型回测结果。回测时间段依然是 2010 年 1 月至 2021 年 12 月。

表 4.3　4 个参数模型回测结构

再平衡周期	1 个月	3 个月	6 个月	1 年
总收益率	78.32%	81.28%	85.19%	72.85%
年化波动率	10.53%	10.51%	10.5%	10.96%
夏普比率	0.47	0.48	0.5	0.43
最大回撤比率	22.8%	22%	21.97%	26.95%

这里有个问题需要说明一下。细心的读者应该会发现，表 4.3 中 6 个月平衡一次的这个模型计算出的结果与上文中测试的五五开模型结果有出入。出现这种情况的原因是，表 4.3 中的 4 个模型是用程序来自动实现的回测。在编写回测程序时，为了简

便起见，并没有按照月份来进行再平衡，而是用模型基础数据表格中的时序序列数来进行再平衡的。比如，基础数据表格中的数据是周线数据，那么就近似认为往下 4 行就代表 1 个月，往下 12 行代表 3 个月，以此类推。因此，表 4.3 中的模型平衡时间点和上文的五五开模型时间点并不一致，但是这种不一致并不影响对模型的判断，也没有改变模型的属性特征。

现在，我们来看表 4.3 中的数据。4 个模型总收益率差别并不大，相比较而言，1 年平衡一次这个模型的总收益率最低。这个结果从定性的角度也好理解。因为再平衡的操作实质上是一种加仓或者减仓的操作。比如，在股市熊市中，股票指数不断下跌，指数市值部分的占比一定在不断减少。如果这时遇到再平衡，就需要卖出一些债券而买入股票，这就是加仓操作。有了熊市中的加仓操作，在牛市中就能有更多的资金实现增值，从而带动总资产增长得更快。1 年平衡一次，很有可能因为间隔时间过长，失去中间不少中级波段行情的收益，从而影响最后的总收益率。我国股市的一个显著特点是牛短熊长、波动率较高。这种特点也决定了如果操作频率过低，是无法有效抓住行情的。

再看年化波动率，4 个模型的差距就更小了。基本上可以认为，改变再平衡周期并不会显著改变模型的风险特征。不管是 1 个月平衡一次还是 1 年平衡一次，模型的风险居然不怎么改变。这个结论还是比较意外的，如果不进行回测，凭直观感觉，似乎很难会想到这个结果。

夏普比率是由前面两个参数推导出来的，结论依然是再平衡周期对夏普比率的影响不显著。

最大回撤比率方面，前三个模型数值基本一致，只有 1 年平衡一次这个模型最大回撤比率稍大一些。平衡的周期过长，牛市中不会减仓，那么对应的熊市来临时下跌幅度一定会更大。

本来还应该把 4 个模型的总资产增长率曲线图给出来，但是因为 4 个模型的曲线实现太过于接近，在图形上看几乎是重叠状态，因此这里就不再展示了，具体情况大家可以参照上文的五五开模型收益率曲线图去理解。

我们一起来总结一下这次模型参数优化的情况。

从最初的五五开模型中，提取到一个参数，就是再平衡周期。原来是半年一平衡。我们通过对这个参数赋予不同的数值，试图进行模型的优化。回测过后发现，平衡周期数值的改变并不会显著影响模型的收益率，对模型的风险也没有显著改善。在实际使用中，我们可以选择 3 个月，也可以选择半年一次的再平衡方式，不太建议使用 1 年以上的平衡周期。

通过模型的回测，能让我们更加理性和全面地认识量化模型，在不确定中寻找相对的确定性。

2. 基于偏离度的再平衡

下面介绍第二种再平衡方法，基于偏离度的再平衡。

什么是偏离度呢？就是每个时间点检查股票指数和债券指数各自在总资产中的占比。如果股票指数市值的占比超过或者少于一定的数值，达到一个我们事先设定的偏离度，我们就对模型中的二者进行资产再平衡。

比如，初始时，沪深 300 和企债指数各占 50%。然后股市开始下跌，我们每周计算一次二者的占比，如果沪深 300 的市值占比变为 45%，那么此时就选择卖出一些企债指数，加仓沪深 300 指数，使二者的占比恢复到各 50%。反之，如果股市上涨，就卖出一些沪深 300 指数，加仓企债指数。

这种方法看起来似乎比基于时间的再平衡方法更科学，也更符合市场的特点。那么效果究竟如何呢？我们还是要通过回测来进行观察。

五五开模型（基于偏离度）的交易规则如下。

交易标的：用沪深 300 指数（代码：000300）来代表股，用企债指数（代码：000013）来代表债。

初始状态：用全部资金的一半买入沪深 300 指数，另一半买入企债指数。

过程规则：每个时间点检查二者市值占比，若沪深 300 市值占比和初始值占比（50%）之差的绝对值大于设定偏离度，则将二者的市值比例调整到初始状态。

模型中需要明确的参数是偏离度。理论上来说，五五开模型这个偏离度的范围是 0 ~ 50%，如果只精确到个位数，那么也需要回测 50 种情况。显然，这又是一项烦琐且工作量巨大的工作。本着化繁为简、贴合实际的原则，我们可以选择偏离度为 4%、8%、12%、16%、20% 这 5 个参数进行回测。

选择这几个参数的考虑是，最小值定在 4%，对于五五开模型而言，基本上相当于沪深 300 指数涨跌 8% 的时候会调整一次。而最大值 20%，意味着沪深 300 指数需要涨跌 40% 才会触发调整。上文在介绍波动率时计算过，过去十几年，沪深 300 指数的年化波动率是 21% 左右，在 2015 年下半年的股灾行情时有过 40% 的下跌情况，但这在十几年的行情中仅此一次，是一个非常小概率的事件。如果我们将偏离度的最大值设定在 25%，那么意味着沪深 300 需要涨跌 50% 才会触发。在实际中，这基本等同于没有任何操作，也就失去了模型中再平衡的意义。所以，最大值设定在 20% 是比较合适的。

略去回测过程，我们直接来看偏离度设定为 4%、8%、12%、16%、20% 这 5 个参数时的回测统计表，详见表 4.4。

表 4.4 不同偏离度的回测结果

偏 离 度	4%	8%	12%	16%	20%
总 收 益 率	79.43%	84.67%	83.61%	99.72%	67.9%
年化波动率	10.55%	10.49%	10.36%	10.07%	8.73%
夏 普 比 率	0.47	0.5	0.5	0.59	0.51
最大回撤比率	22.47%	21.93%	20.97%	20.37%	20.61%
再平衡次数	18	7	3	3	0

在观察评价表 4.4 时，我们需要结合表 4.3 来一起对比。

从总收益率看，5 个偏离度数值中，当偏离度设定为 16% 时总收益率最高，达到 99.72%，这个收益率比表 4.2 中的几个模型都要高出不少。偏离度为 4%、8%、12% 的这 3 个模型的总收益率比较接近，而且和表 4.3 中的几个模型收益率也比较接近。这说明，过多的进行再平衡操作并不能显著提高总收益率。这个结论可能与我们在回测之前设想的情况不一样。通常情况下，我们散户在进行交易时往往喜欢抓短期的波段。指数或者股票上涨一些就想着落袋为安，稍微下跌一些又着急补仓。殊不知，这种看似"勤奋"的操作，对收益率的贡献可能为 0 甚至是负面的。这类短线操作最典型的就是"网格交易"。网格交易看似高效地利用了资金和短期波段行情，但如果从长期交易的角度看，是非常不划算的。频繁的网格交易只是满足了一部分人交易的欲望，还有就是为券商贡献了不少手续费。有兴趣的读者朋友可以设定偏离度为 1%，然后进行模型回测，看看结果就明白了。量化模型的回测是进行量化交易的基础和前提。在回测过程中，我们模拟可能出现的情况，通过客观数据来评价模型。这是一个将感性认识升华为理性认识的过程。

继续看偏离度为 20% 的模型，其总收益率只有 67.9%，大大低于其他模型。原因就是在模型这 11 年的回测时间段中，如果把偏离度设定为 20%，居然无法触发一次再平衡操作。

股债平衡模型中，再平衡是一个非常关键的因子。再平衡的本质就是熊市到一定程度去加仓股票指数，而到了牛市，再去减仓股票指数，从而实现"1+1 > 2"的效果。所以，没有了再平衡操作的股债平衡模型已经彻底变成另外一个交易模型。从哲学上讲，量变积累到一定程度会引起质变。我们现在正在测试的这个偏离度因子就是这个哲学原理的生动阐释。

再观察表 4.4 中的年化波动率数据，前四个模型的波动率数值和表 4.3 中的数值非常接近，都是 10% 左右。这说明，改变偏离度数值也并不会显著改变模型波动率。通过这两个表格，我们可以得出这样一个结论，在五五开模型中，无论是改变再平衡周期还是改变再平衡偏离度，都无法改变模型的波动率。

从最大回撤比率看，前四个模型都在 21% 左右，整体上看比表 4.3 中的 4 个模型的最大回撤比率稍微低一些。

到这里，我们比较了表 4.3 和表 4.4 模型的总收益率、波动率、夏普比率和最大回撤比率，发现两种再平衡方法应用到模型中后得到的结果差距并不是很大，基本上可以认为是等效的。

然后两种再平衡方法在再平衡操作的次数上是有明显区别的。表 4.3 中的 4 个模型在回测时间段内再平衡的次数分别为

132 次、44 次、22 次和 11 次，表 4.4 中的前四个模型再平衡次数分别是 18 次、7 次、3 次和 3 次。可以看出，基于偏离度的平衡方法操作次数是非常少的，即便是按照 4% 的偏离度操作，11 年的时间总共才买卖了 18 次，平均下来一年还不到 2 次。总收益率最高的 16% 模型，11 年居然只操作了 3 次。这 3 次操作分别发生在 2013 年 6 月 28 日，卖出债券加仓沪深 300 指数；2015 年 5 月 22 日，减仓沪深 300 指数买入债券；2018 年 12 月 21 日，卖出债券加仓沪深 300 指数，如图 4.16 所示。

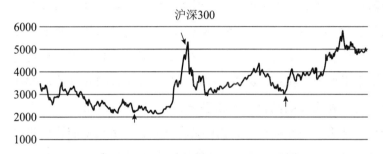

图 4.16　偏离度 16% 模型再平衡

　　这 3 次操作，两次买入一次卖出，从图 4.16 中看，点位都堪称经典，时机把握得恰到好处。正因为有了这 3 次非常有效的高抛低吸操作，才使得该模型的总收益率明显比其他模型要高出不少。我们经常听到有股市高手说过一句话：大道至简。有效的方法往往是朴实无华的，股市中绝大部分时间是不需要操作的无效时间。在无效时间内，操作的次数越多，越"勤奋"，反而会适得其反。

　　至此，五五开的股债平衡模型我们基本讨论完毕了，现在回看已经回测过的这 9 个模型，如果让我们选择一个来使用，你会怎么选择呢？

　　如果让笔者来选，笔者会选择偏离度为 8% 的模型。原因有两个：一个是它的各项评价指标在 9 个模型中属于中上水平；另一个是它的再平衡次数不算多也不算少。偏离度为 16% 的模型固然取得了最好的总收益率，但是 11 年中只操作了 3 次，而且这三次的发生点位都太过完美。这种"完美"在量化模型中有"参数过拟合"嫌疑。假如 2015 年那次的牛市，沪深 300 指数的最高点没有那么高，差了一些，那么 2015 年 5 月的那次再平衡操作很可能就不会发生。如果没有这次操作，模型的收益率一定会有所下滑。还有就是，这个模型在一些股市明显的低位（如 2016 年 1 月）和明显的高位（如 2018 年 2 月和 2021 年 2 月）并没有操作。那么在实际运行中，我们会有非常强烈的挫败感。而相比这个模型而言，偏离度 8% 的模型从操作体验上来看就会好不少，如图 4.17 所示。

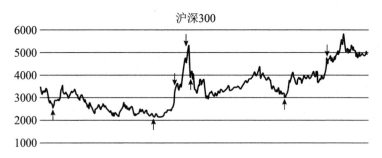

图 4.17　偏离度 8% 模型再平衡

　　虽然从图 4.17 看，偏离度 8% 的模型多出来的 4 次操作并不完美，但是它对行情的兼容性会更好。如果沪深 300 指数未来的波动率下降，不再是暴涨暴跌，则偏离度 8% 的模型也能继续保持一个相对不错的收益率。牺牲一点可能的收益率，换来的是更强的稳定性和可靠性，笔者觉得非常划算。

4.3 不同股债比下的股债平衡模型

在上一节中我们讨论了五五开的股债平衡模型，并在最后的参数优化环节中看到了五五开模型在不同平衡参数下的表现。当时笔者提到过，股债比这个数据也是可以作为参数来进行回测的。那么本节我们就对股债比这个参数进行回测。

4.3.1 模型的阐述与回测

从理论上来说，股债比可以是 0 ~ 100% 之间的任意一个数字，如果不对小数点的位数作限制的话，可以有无穷多个参数。本着基本够用的原则，我们依然选择抽样参数进行回测，详见表 4.5。

表 4.5 不同股债比模型

模 型 名 称	模型股债比
一九开模型	股占 10%，债占 90%
二八开模型	股占 20%，债占 80%
三七开模型	股占 30%，债占 70%
四六开模型	股占 40%，债占 60%
五五开模型	股占 50%，债占 50%
六四开模型	股占 60%，债占 40%
七三开模型	股占 70%，债占 30%
八二开模型	股占 80%，债占 20%
九一开模型	股占 90%，债占 10%

　　到这里我们还不能马上开始回测，因为模型中还有一个参数没有确定，就是再平衡时按照基于时间周期还是基于偏离度。在上一节中，通过回测，我们可以基本确定基于偏离度的模型会更好一些，这里的好并不是体现在收益率上，而是体现在买卖次数上。但是当我们需要对表 4.5 中的 9 个模型进行回测时却不能选择偏离度。不能选择的原因是不公平。

　　试想，对于五五开模型来说，偏离度设定为 8% 是比较好的选择。但是对于一九开模型而言，如果偏离度是 8%，则意味着沪深 300 指数需要涨跌 80% 左右才会触发一次买卖。这在实际中是几乎不可能发生的。所以，不同股债比的模型无法在同一偏离度下进行比较。

　　基于上述原因，本次回测对于再平衡的处理依然采用基于时间周期的办法，9 个模型的回测再平衡周期都设定为 3 个月，回测时间段依然是 2010 年 1 月至 2021 年 12 月，回测结果详见表 4.6。

表 4.6　不同股债比模型回测结果

模 型 名 称	总收益率	年化波动率	夏 普 比 率	最大回撤比率
一九开模型	93.96%	2.18%	2.6	3.17%
二八开模型	92.72%	4.22%	1.33	6.78%
三七开模型	90.16%	6.3%	0.87	11.51%
四六开模型	86.32%	8.4%	0.63	16.86%
五五开模型	81.28%	10.5%	0.48	22%
六四开模型	75.14%	12.61%	0.38	26.94%
七三开模型	68%	14.72%	0.3	31.69%
八二开模型	60%	16.83%	0.24	36.24%
九一开模型	51.28%	18.95%	0.19	40.6%

为了方便直观观察模型的收益率情况，我们这次需要画出各个模型的总资产走势图。但是 9 个模型如果在一张图上展示，曲线会很多，线型的表示也成问题，所以我们选取比较有代表性的 3 个模型：一九开模型、五五开模型和九一开模型。3 个模型的总资产走势如图 4.18 所示。

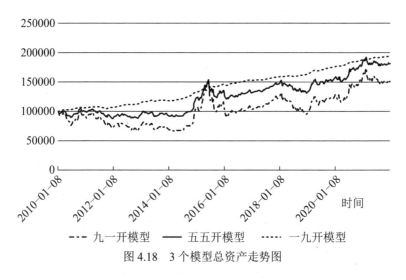

图 4.18　3 个模型总资产走势图

图 4.18 只展示了 3 个模型的总资产走势图，其他几个模型的总资产走势图曲线是介于一九开模型和九一开模型之间的。

我们先来看表 4.6 中总收益率这一列。总收益率自上而下出现递减的情况，股债比越低，总收益率反而越高。那么我们能由此就得出结论——股债比越低，总收益率越高吗？笔者认为不能。因为总收益率这个指标和回测时间段的起始位置高度相关。不同的时间段，会直接影响总收益率。对于沪深 300 指数来说，牛市和熊市的收益率是相差十分巨大的。假如一个人运气非常好，在 2014 年 7 月买入沪深 300 指数，那么持有到 2021 年 12

月，他的收益率是非常高的。对于他来说，股市是赚钱的利器，而且非常容易。但是如果这个人是在 2015 年 6 月买入沪深 300 指数，在同样的结束时间点，再看总收益率就非常糟糕，甚至是负数。那么此时，股市对于他来讲，就是资产的黑洞和噩梦了。这让我想到一句话：如果你爱一个人就让他来纽约，如果你恨一个人就让他来纽约。股市就像这句话中的纽约一样，不同的时间段会呈现出截然相反的效果。

在模型回测的时间段，沪深 300 指数的总收益率是 41.96%，企债指数的总收益率是 93.84%。企债指数的总收益率远远大于沪深 300 指数，所以，当模型中的收益率比较差的沪深 300 指数含量少时，模型的总收益率就会接近比较高的企债指数收益率。二者的总收益率才是决定表 4.6 中 9 个模型总收益率特征的最重要因素。

接下来我们来看表 4.6 中的年化波动率和最大回撤比率两列。这两个指标是风险指标。从表 4.6 中依然能看出规律，股债比越低，波动率越低，股债比越高，波动率越高。最大回撤比率是与年化波动率正相关的。波动率这个指标的数值就与回测时间段关系不大。这是由其计算公式决定的。

最后看夏普比率。表 4.6 中，股债比越低，夏普比率越高，股债比越高，夏普比率越低，与波动率呈现出一样的特征。在投资评价中，夏普比率越高，意味着性价比越高。在同类型的投资品种中，我们往往更喜欢选择夏普比率高的品种。但是在表 4.6 中的这 9 个模型，严格来说已经不能算作同类型的投资品种了。一九开模型非常接近于债券，而九一开模型非常接近于股票。股票和债券显然是不同类型的，甚至是负相关的投资品种。那么对于这 9 个模型而言，比较其夏普比率意义并不是很大。话虽如此，9 个模型中相邻的两个模型还是可以比较夏普比率的。这里依然体现了量变和质变的关系。

　　夏普比率是收益率和波动率之间的比值。在波动率相仿的投资品种中，谁的夏普比率高，意味着这个投资品种越好。记住，只有在波动率差不多一致时比较夏普比率才有意义。这就是为什么要强调同类型投资品种了，因为同类型的投资品种，其波动率不会差很多。在基金的筛选中，这一点尤其需要注意。

4.3.2　打造属于自己的"固收 +"基金

　　让我们把目光再次聚焦在表 4.6 和图 4.18 中的这九个模型上。在不同的股债比下，模型呈现出不同的风险和收益特征。如果说沪深 300 指数是一个高风险、高波动的投资品种，那么相对而言，企债指数则是一个低风险、低波动的投资品种。股债平衡模型将二者通过股债比的关系联系在一起，又通过一定的再平衡规则，使它们成为有机的互动组合。

　　在这 9 个模型中，笔者最喜欢的无疑是二八开模型。这个模型在收益和风险之间取得了很好的平衡。它只有 20% 的股票含量，虽然无法在牛市中给予我们很高的收益率，但是在熊市中却能给我们很高的安全性和良好的持仓体验。因为这个原因，目前市场上众多的"固收 +"基金绝大部分是基于二八开组合原理构建的。比如，发行时间比较长的两只"固收 +"基金——易方达稳健收益债券 B（110008）和广发趋势优选灵活配置混合 A（000215）如图 4.19 和图 4.20 所示。

○ 资产配置明细

报告期	股票占净比	债券占净比⑦	现金占净比
2022-03-31	16.88%	97.63%	0.37%
2021-12-31	11.99%	85.70%	0.32%
2021-09-30	11.65%	93.34%	0.73%
2021-06-30	13.19%	91.70%	0.31%
2021-03-31	16.06%	81.31%	0.46%
2020-12-31	19.45%	96.59%	1.56%
2020-09-30	14.41%	112.52%	2.66%
2020-06-30	16.56%	113.57%	2.16%
2020-03-31	9.61%	115.13%	1.43%
2019-12-31	16.32%	102.43%	1.10%
2019-09-30	13.72%	95.44%	1.35%
2019-06-30	15.85%	114.90%	2.78%
2019-03-31	14.99%	108.50%	0.76%
2018-12-31	17.93%	111.51%	2.06%
2018-09-30	18.53%	115.33%	4.45%
2018-06-30	17.28%	108.60%	1.35%
2018-03-31	15.05%	108.34%	1.12%

图 4.19　易方达稳健收益债券 B 股债占比（数据来源：天天基金网）

○ 资产配置明细

报告期	股票占净比	债券占净比	现金占净比
2022-03-31	14.90%	83.03%	0.92%
2021-12-31	16.27%	79.31%	0.43%
2021-09-30	14.12%	82.59%	0.10%
2021-06-30	13.07%	82.29%	0.17%
2021-03-31	13.23%	79.79%	0.71%
2020-12-31	12.99%	80.12%	0.87%
2020-09-30	14.60%	70.67%	0.77%
2020-06-30	14.34%	78.77%	0.40%
2020-03-31	10.73%	78.97%	1.73%
2019-12-31	15.67%	87.36%	1.57%
2019-09-30	17.56%	89.04%	0.63%
2019-06-30	16.19%	76.11%	0.37%
2019-03-31	13.61%	88.20%	0.50%
2018-12-31	11.38%	96.38%	0.70%
2018-09-30	16.47%	77.84%	0.58%
2018-06-30	22.27%	57.97%	0.57%
2018-03-31	35.89%	52.42%	1.50%

图 4.20　广发趋势优选灵活配置混合 A 股债占比（数据来源：天天基金网）

二八开模型的最大优势在于"不需要择时"。择时就是选择时机。每一个买过股票和基金的朋友都能体会到，如果买入的选择时机不对，对收益率的影响是非常巨大的。很多散户往往是在牛市中后期才后知后觉地进入市场，不知不觉中就被套牢在了高位，以至于在各种论坛中经常能看到散户的感叹："何时才能解套？"对于很多人来说，本来想通过购买股票或者基金来赚钱的，反而变成了何时能不亏。

择时是股市中最难的事。如果我们能比较准确地知道哪里是底部，哪里是顶部，实现精准的择时操作，那从理论上来说，我们能富甲天下。但事实上，几乎没人能做到比较准确的择时操作。放弃预测，放弃择时，对于我们这些普通投资者来说可能是一件最正确的事，也是我们从不能赢利走向能长期稳定赢利的开始。

虽然在图 4.18 中，我们能看到二八开模型相对沪深 300 指数的走势图，但是笔者还是很想给大家展示一下这个模型在其他时间段的表现，很多时候，直观的图形总能强烈地冲击到我们的思想深处。

从过往的历史数据看，股票市场中的散户大多会在牛市中后期大量进入市场，这非常符合国人"买涨不买跌"的心理。大家总是喜欢最近涨得很好的产品，因为我们会幻想，如果早一些持有它们，就能赚很多钱。散户最悲哀的事情莫过于在牛市最高点买入，那么假设我们使用二八开模型在 2015 年 6 月市场最高位买入并一直持有到 2021 年 12 月会是一种怎么样的体验呢？图 4.21 即可给出结论。

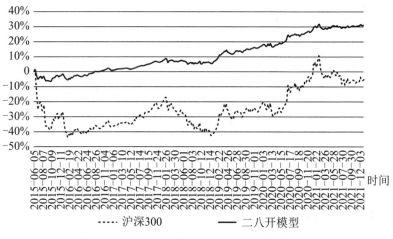

图 4.21　二八开模型和沪深 300 收益率走势图

　　在图 4.21 中，二八开模型的收益率曲线走势图给我们的直观感觉就是稳，即便面对历史上非常极端的熊市行情，其回撤的比率也是非常有限的。如果在 2015 年 6 月 5 日买入，最大的浮动亏损发生在 2015 年 9 月 30 日，浮亏比例是 6.29%，同期如果买入了沪深 300 指数，浮亏的比例是 38.76%。在这样的极端行情下，二八开模型的最大连续亏损时间是 2015 年 6 月 5 日到 2016 年 8 月 19 日，到了那一天，模型的收益率已经回正，而同期沪深 300 指数依然亏损高达 35.67%。如果持有沪深 300 指数，收益率回正则需要等到 2021 年 1 月 8 日。

　　在 2015 年 6 月 5 日到 2021 年 12 月 31 日这个区间内，二八开模型的总收益率是 31.02%，对应的年化收益率是 4.19%，沪深 300 的收益率是 −5.55%，年化收益率肯定是负值了，这里不再计算。请大家注意，二八开模型在 2010 年 1 月到 2021 年 12 月这个回测时间段的年化收益率是 5.62%，同期的沪深 300 指数收益率是51.28%。通过这两组数据的对比我们会发现，对于沪深300指数来说，如果买点不合适，那么收益率的差别是非常大的，要么赢利很多要么亏损很多。而对于二八开模型而言，对于买点似乎并不是那么敏感，即便我们运气非常差，在历史的最高点买入了，长期持有下来给予我们的年化投资回报率依然比较可观，4.19%虽然比5.62%低不少，但是考虑到不同的介入点位，笔者认为这个收益率是可以接受的。这也就是说，二八开模型是"不需要择时"的。我们仅仅只是遵守了一些非常简单的操作规则，就能很轻松地战胜市场，并且获取合理的回报。

对于很多人来说，股票或者基金是一种高风险的投资品种。究其原因，还是大家对于基金的认知比较浅显，或者说一知半解。只要稍加学习，知道了我们这里介绍的二八开股债平衡模型，就会对基金的风险重新进行思考。我们普通散户，仅仅只需要依靠股票和债券就能构建一个属于自己的、风险比较低的"固收+"基金组合。而我们完成这样一个组合，并不需要学习特别多的专业知识，在实际操作中更是非常"佛系"。

可以说，二八开的股债平衡模型就是一个非常省心省力的交易体系。对于股市新手来说，从这个模型开始进行实际操作，是非常稳健和良好的开端。模型的适用人群非常广泛，不仅适合新手，也非常适合上班族理财。对于上班族来说，投资者并不需要投入太多的时间，每个月发了工资后，就可以按照定投的方式买入这个模型中的基金。需要用钱时，也可以随时卖出取用。这一点是非常吸引人的，因为对于大多数交易方式而言，如果在熊市中急需用钱，卖出基金是很不划算的一件事，对于资产的长期收益率是有很大影响的。而二八开模型相对来说，并不会因为在熊市卖出影响太多。我们可以设想一下，如果在 2015 年 6 月，买了沪深 300 指数，当时的点位是 5230 点。一直就这样持有下去，突然在 2018 年的 12 月，家里有急事需要用钱，而这时沪深 300 指数的点位是 3010 点。此时，你的账户显示浮亏 42.44%。如果这时卖出，那么浮亏就变成了真实的亏损，原来的 10 万元，此时只能取出 5.8 万元。那么相同的情况下，如果把沪深 300 指数换成二八开模型，同样也是初始买入 10 万元，在那个时间点账户显示的是浮盈 5.52%，是 10.5 万元。不要觉得这只是一个假设的例子，很多时候，我们并不清楚自己什么时候会用钱。就像现在流行的说法"我们并不知道明天和意外哪个先来"。二八开模型能够让我们的资产实现"随用随取"，相对稳健的增长率是其他很多交易模型并不具备的。

4.4 变股债比的股债平衡模型

在本节中我们会继续深入探讨并改进股债平衡模型，目的是为了在原来模型的基础上，通过改进买卖规则，让买卖操作更加贴近我们日常在市场中的感知，进一步提高模型的收益率。

我们知道，股市是存在牛市和熊市的。在牛市中，股票指数会随着市场参与者的高涨热情不断创出新高；而在熊市中，伴随着各种利空因素，指数又会不断下跌。作为一个理性的投资者，我们的合理持仓应该是在牛市中不断降低自己的股票仓位，在熊市中不断提高自己的股票仓位。通过这样的操作，就能在牛市中锁定我们的收益，让浮盈变成实实在在的盈利。在熊市中，可以获取更多的低位股票筹码，为未来在牛市中能产生更多的获利。

我们现在回想一下上一节中的 9 个模型，它们的股债比相对来说是固定的。在每次的再平衡点，我们都会把股票和债券的仓位平衡到一个固定的初始比例。比如二八开模型，在初始时间点 2010 年 1 月，沪深 300 指数的占比是 20%，到了 2014 年 7 月，模型依然让沪深 300 指数的占比维持在 20%。但是我们知道，2010 年 1 月，沪深 300 指数是 3400 多点，4 年多过去了，到了 2014 年 7 月，沪深 300 指数反而只有 2100 多点。股市经济的晴雨表，在这 4 年中，我们国家的经济还在不断发展，GDP 的增幅也不算低，百姓的生活水平也在不断提高。无论从哪个维度看，指数都不应该还是如此之低。那么，在 2014 年 7 月，我们

在进行股债配置时，很自然就会想到一个问题：我能不能适当地
提高一下股票指数的仓位占比，这样在未来我就能收获更多的收
益。当时间来到 2015 年 6 月，此时的沪深 300 指数已经大涨了
接近一年时间，指数点位也从 2014 年 7 月的 2100 多点涨到了
5300 多点。短短一年时间，指数涨幅超过一倍，这显然已经是个
大牛市了。指数在 2100 多点如果是低估的话，那么到了 5300 多
点，就很可能已经是高估了。在价值规律和均值回归规律下，指
数很可能随时下跌，一场击鼓传花的游戏就要进入尾声了。那么
在 2015 年 6 月，我们其实是希望股票指数的仓位占比要比平时
更低一些的，只有这样，才能保住牛市上涨带给我们的收益。

　　上面的这个操作其实就是我们常听到的"高抛低吸"，只不
过这两个操作的间隔时间会比较长罢了。用定性的语言描述就
是：在牛市中，让模型的股债比低一些，在熊市中让模型的股债
比高一些。这样一来，模型的股债比就随着市场行情不断发生变
化，而不再是一个固定的比例。由此，变股债比的股债平衡模型
就诞生了。

4.4.1　市场之锚

　　在变股债比的股债平衡模型中，我们需要根据股票市场的
高低，或者说牛市、熊市来调整资产中的股票和债券的占比。这
里就有一个问题提出来，我们如何来衡量股票市场的高低或者牛
熊呢？

　　首先需要明确一点，我们常说的股票市场牛市或者熊市，其
实指的就是股票指数的持续上涨或者持续下跌。一个国家的某个

证券交易所会有很多股票指数，但公认的代表性指数其实数量不多。我们国家是上证指数、沪深 300 指数、创业板指数、科创板 50 指数，美国则是道琼斯工业指数、标普 500 指数、纳斯达克指数。在这里，我们来讨论股市牛熊，就用代表性最强的沪深 300 指数。那么，在变股债比模型中，股债比何时低何时高，就要看沪深 300 指数到底处于什么估值水平了。

对于我们散户来讲，目前最常用最容易掌握理解的可以用于衡量股票指数估值水平的工具有指数点位、指数市盈率、指数市净率、指数风险溢价等。

1. 指数点位

指数点位是我们最容易想到的衡量市场冷热或者股市牛熊的工具。当我们从新闻中听到上证指数再次跌破 3000 点时，大多数股民和基民除了会感叹股市十几年来总是在 3000 点附近波动外，也会意识到 3000 点是一个比较低的位置了。如图 4.22 所示，大家看指数 K 线图时就会发现，最近几年只要是跌到 3000 点以下，无疑都是市场的底部位置。这时如果选择加仓，将是比较划算的操作。

如果我们选择用指数点位来衡量股市牛熊，那就必须确定一个具体的点位作为股票市场的价值中枢。有了这个中枢，我们才好依据这个中枢来进行股债比的调整，如高于这个中枢时降低股债比，低于这个中枢时提高股债比。

当我们观察图 4.22 的沪深 300 指数月 K 线图时会发现，从指数诞生的 2005 年一直到现在，指数在点位上呈现的是不断向上的趋势。虽然指数历史上的 3 次高位点位差不多，但是几次低位的点位是不断抬升的。

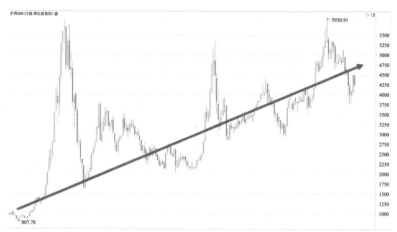

图 4.22　沪深 300 指数月 K 线图

在 2010 年时，站在当时的时间节点，我们能看到的图形只是那个时间节点左面的部分。在当时，如果要去找市场的中枢，可能 2800 点是合适的。因为 2005 年时指数低位在 900 点左右，2018 年时指数低位在 1700 点左右。如果确定了 2800 点为中枢，就可以良好地运行到 2016 年。从 2016 年以后，就会因为指数再也没低于 3000 点而导致模型不会有提高股债比的机会。那样，变股债比也就无法实现了。

综上所述，显然用单一的指数点位无法长期衡量股票市场的价值中枢，也就无法指导模型来进行股债比的调整。股市是经济的晴雨表，国家的 GDP 每年都在增长，对应在股市就是不同年份，同样的点位所蕴含的内涵价值是不同的。十年前的 3000 点可能是高估值的位置，而十年后的今天 3000 点就是低估值了。

2. 指数市盈率

市盈率（PE）是指普通股每股市价与每股收益的比率，它反映出普通股股东以每 1 元净利润愿意支付的价格。其中，每股收益是指可分配给普通股股东的净利润与流通在外普通股加权平均股数的比率，它反映出每只普通股当年创造的净利润水平。其计算公式为

$$市盈率 = 每股市价 / 每股收益$$

市盈率是股市中一个非常重要的技术指标。在很多场合下，我们都能看到或者听到一些专家或者"大V"用市盈率来衡量一只股票贵或者便宜。虽然上面已经给出了市盈率的计算公式，但是笔者估计很多新股民、新基民依然对这个指标没有基本的感性认识。笔者一直认为，对于新的知识，感性认识是最重要的一步，只有先有了感性认识，才可能进一步去探讨对它的理性认识。

下面，我们来通过一个例子来看看如何理解市盈率。

假设开设一家饭店，总的投入金额是100元。饭店经过一年的运营，到了年底，刨去所有成本后的净利润金额是10元。那么，这时，我们就可以认为这家的饭店的市盈率为100/10=10倍。如果这家饭店以后每年的净利润都是10元的话，那么意味着需要10年的时间才能收回投资的本金100元（当然，这里没有考虑10年后饭店的固定资产剩余价值）。反过来，用净利润除以总资产（总投入），即10/100=10%，可以得出这家饭店的年利润率就是10%，市盈率的倒数就是年利润率（或者叫净利润增速）。

再练习一下，巩固刚才学的知识。如果一家饭店的市盈率PE是5倍。我们通过这个数字知道，这家饭店过去一年的年利润率是1/5，即20%，如果以饭店现有的资产总值买下，那么5年就可以把本金赚回来。

市盈率还可以进一步划分为静态市盈率、滚动市盈率和动态市盈率。我们依然用上面饭店的例子来解释这3个概念。

先列出这家饭店每个季度的利润情况：

第一年　第一季度　净利润 3 元

第一年　第二季度　净利润 2 元

第一年　第三季度　净利润 3 元

第一年　第四季度　净利润 2 元

第二年　第一季度　净利润 5 元

第二年　第二季度　净利润 5 元

……

假设饭店的初始投资金额还是 100 元，在第二年第二季度这个时间点，饭店的静态市盈率等于总投资金额除以第一年四个季度净利润之和，即 100/(3+2+3+2)=10 倍。计算静态市盈率时使用的净利润数据是上一个完整年度的财务数据，第二年因为还没过完，所以不计算。

饭店的滚动市盈率等于总投资金额除以最近四个季度的净利润之和，即 100/(3+2+5+5)=6.67 倍。

饭店第一年净利润总和是 10 元，第二年前两季度的净利润总和已经是 10 元了，看来饭店的盈利在变好，那么预计第二年一整年的净利润是 20 元，饭店的动态市盈率为 100/20=5 倍。

实践中，我们大多数情况下都使用滚动市盈率。在股票行情软件中用 PE-TTM 表示。

市盈率是综合了价格和盈利的指标。如果有两家饭店对外出售，饭店 A 的价格是 100 元，饭店 B 的价格是 200 元。这时，我们很难只通过出售价格来判断到底购买哪家饭店划算。若再给我们提供了两家饭店的市盈率，饭店 A 的市盈率是 5 倍，饭店 B 的市盈率是 10 倍。那么，此时我们就可以大概知道，购买饭店

A 更划算一些。

个股有市盈率，那么作为个股集合的股票指数也是有市盈率的。股票指数的市盈率计算起来非常麻烦，好在我们并不需要自己去计算。在前文中，我们已经介绍了几种获取金融数据的途径，在那里我们可以很方便地下载到各种指数的市盈率历史数据，图 4.23 就是沪深 300 指数的市盈率和指数点位对比图。

图 4.23　沪深 300 指数市盈率和指数点位对比图（数据来源：理杏仁网站）

3. 指数市净率

市净率（Price-to-Book Ratio，PB）是指每股股价与每股净资产的比率。市净率可用于股票投资分析，一般来说市净率较低的股票，投资价值较高；相反，则投资价值较低；但在判断投资价值时还要考虑当时的市场环境以及公司经营情况、盈利能力等因素。其计算公式为

$$市净率 = 每股市价 / 每股净资产$$

还是用上文的饭店为例进行说明。饭店的初始投入金额是

100 元，这个可以理解为饭店的净资产。如果饭店对外出售的价格也是 100 元，那么此时饭店的市净率为 100/100=1 倍。市净率为 1，说明卖出的价格等于公司的净资产价格。市净率是综合了价格和净资产的指标。

沪深 300 指数的市净率和指数点位对比图，如图 4.24 所示。

图 4.24　沪深 300 指数市净率和指数点位对比图（数据来源：理杏仁网站。）

4. 指数风险溢价

风险溢价又叫股债性价比、股债比或者股债利差。用股票的隐含回报率和债券到期收益率差值来判断当前时间点股票资产相对债券资产的安全边际的高低程度。股债性价比越高，代表目前投资股票的性价比越高；反过来，股债性价比越低，代表目前投资债券的性价比越高。

在实际应用中，股票的隐含回报率可以使用股票的市盈率倒数或者股息率来表示，债券的到期收益率则使用国债收益率来表示。这里，笔者采用的是最常见的方式，用股票市盈率的倒数和

十年期国债收益率来计算。其计算方法为

$$风险溢价 = 市盈率倒数 - 十年期国债收益率$$

对于风险溢价这个计算公式，有必要用实际的例子来解释一下，否则很多读者对公式的背后含义还是会理解得非常模糊。

市盈率的倒数，简单理解就是股票隐含的回报率。在前文解释指数市盈率时我们用过饭店的例子。一家饭店对外出售定价100元，过去一年的净利润是10元，那么市盈率就是10倍，市盈率的倒数就是10%。这个10%其实就是相对于定价的100元而言每年投资的回报率。

十年期国债是目前市场公认的衡量社会无风险收益率的标准。如果十年期国债收益率是3%，那么意味着现在买100元的十年期国债，每年的收益率就是3%。我们获取这3%的收益率几乎不用担心会有违约的风险。

市场上的任何投资产品在定价时都会不自觉地和十年期国债收益率进行比较。因为相比国债而言，其他的任何投资产品或多或少都存在一定的风险，那么有风险，就必须对这种可能的风险进行补偿，而补偿就是提高这个投资产品未来可能给予的收益率。

假设我们是市场上的投资人，现在摆在面前的有两个投资产品：一个是那家饭店，投资100元，未来一年可能会得到10元的回报；另一个是十年期国债，投资100元，未来一年一定可以得到3元的回报。饭店的风险溢价就是：10%-3%=7%。

7%这个数字就是目前市场对这家饭店未来经营风险的补偿。这个数字越大，说明这笔投资相对国债来说风险越大；数字越小，则风险越小。细心的读者在这里会发现，上面这个结论似乎与前文中对风险溢价的描述是相反的。在前文中是这样说的：股债性价比越高，代表目前投资股票的性价比越高；反过来，股债性价比越低，则代表目前投资债券的性价比越高。

那么到底是在风险溢价高时还是低时买入更划算呢？依然以前文所述的饭店为例进行说明。本来那家饭店的对外出售价格是100元，但是突然有一天出售人将售价调低至80元。饭店还是那家饭店，过去一年的净利润也没有变化依然是10元。这时，饭店的市盈率为80/10=8倍，市盈率比以前的10倍低了不少。同理，饭店的预期收益率也从10%变成了10/80=12.5%，饭店的风险溢价则变为12.5%-3%=9.5%。风险溢价变高，说明投资的风险在加大。但是，饭店的价格明明从100元降低到了80元，怎么能说投资风险变大了呢？这里面其实有一个信息博弈的问题。大家想一下，本来一直售价100元的饭店为何突然降价至80元呢？买卖，有买才有卖。在市场经济体制下，商品的价格一定是市场参与双方充分博弈后给出的价格。饭店降价至80元，一定是目前的持有人知道了一些预期不好的信息，如饭店的厨师有离职的打算、饭店房屋的房东明年打算上涨房租等。商品价格的降低意味着市场的买卖双方对商品的内在价值进行了重新估值。80元买下的饭店，也许捡到的并不是宝，也许你接手饭店后就开始亏损了。所以，我们常说：好货不便宜，便宜没好货。

前几年坑了无数投资者的P2P产品就是一个很好的例子。当年，P2P公司打着金融创新的幌子，通过疯狂的广告轰炸和诱人的高息让很多不明就里的老百姓血本无归。其实即便在当年，如果你具备一定的金融知识就很容易知道高息这种"好事"并不会那么靠谱。那时，国债收益率仅有4%左右，而P2P给出的利息最低都有 12%，如此之高的风险溢价一定意味着这笔投资本身蕴含着巨大的风险。

那么以上推论到了股市为何结论又相反了呢？在股市中，我们一般认为当指数的风险溢价高时，是买入股票指数的时机；当风险溢价低时，反而是卖出股票指数的时机。

这个问题一开始被笔者注意到时，也着实困扰了笔者好长一段时间。后来随着交易和思考的深入，笔者终于想明白了一些，也说服了自己。

首先，这是一个个体与整体的关系问题。对于某一家具体的公司或者某次具体的交易而言，风险溢价高确实隐含着更高的风险。这家公司很可能会在激烈的市场竞争中被淘汰。风险溢价就像它的名字一样，是交易风险的数字化度量。比如说，现在有人说白送你一家公司，你敢要吗？白送，就意味着你的投入是 0，那么理论上来说就算公司一年只盈利 1 元钱，他的市盈率倒数也是接近于无穷大，相对应地，其风险溢价也是接近于无穷大。是的，无穷大的风险。白送一家公司，看起来你是零投入，但是这背后可能是一个巨大的"坑"。也许这家公司已经负债累累官司缠身，抑或还有其他的包袱等，这些隐形的"坑"，就意味着风险无穷大。

而在股市中，我们在使用风险溢价时，对象是股票指数，如沪深 300 指数。这个指数背后是中国最强的 300 家上市企业，而这些企业背后则是整个国家的经济。可以说，沪深 300 指数是由国家经济背书的股票指数。当沪深 300 指数处于熊市时，指数的市盈率是很低的，此时当然也一定意味着经济遇到一些困难，如2008 年的世界金融危机、2018 年的中美贸易摩擦等。这些危机造就了指数的熊市，但是我们并不会像担心某一家企业一样去担心沪深 300 指数。某一家企业可能在某次危机中破产，但是对于一个国家来说，大多数情况下，危机都是机会。2008 年的金融危机中，著名投资银行雷曼兄弟没能挺住，轰然倒地，但是整个金融行业或者道琼斯指数并没有倒下。2008 年买入了雷曼兄弟的投资者会血本无归，但是买入道琼斯指数的投资者后来赚得却是盆满钵满。

其次，经济是有周期性的。经济的周期性就像上下波动的曲线，有高点也有低点。但是这种周期性对一个国家而言是有效的，对于具体的某家企业而言，则很难有这种周期性，因为大多数企业都不会像国家的经济一样永续存在。如果说国家的经济像海浪一样，那么企业就是一朵朵的浪花。

最后，股票指数具有"新陈代谢"的机制。股票指数一般每年都会按照指数编制规则进行一次到两次的成分股调整。调整的作用就是把那些已经落后的、被市场抛弃的企业剔除出指数，换入目前各方面比较积极向好的企业。成分股的更替保证了股票指数能具备更强的抗风险能力，同时指数也能更好地反映国家经济的进步。创业板指数（代码：399006）的成分股变迁就很好地体现了指数的"新陈代谢"效果，详见表 4.7 和表 4.8。

表 4.7　2010 年 7 月创业板指数前十大成分股（数据来源：Choice）

	代　码	名　称	市值（亿元）	所属行业
1	300003.SZ	乐普医疗	221.68	医药生物
2	300002.SZ	神州泰岳	198.54	传媒
3	300070.SZ	碧水源	169.90	环保
4	300077.SZ	国民技术	165.70	电子

续表

	代　码	名　　称	市值（亿元）	所属行业
5	300027.SZ	华谊兄弟	114.24	传媒
6	300055.SZ	万邦达	101.10	环保
7	300015.SZ	爱尔眼科	97.46	医药生物
8	300059.SZ	东方财富	83.62	非银金融
9	300068.SZ	南都电源	74.08	电力设备
10	300050.SZ	世纪鼎利	66.31	通信

表4.8　2022年7月创业板指数前十大成分股（数据来源：Choice）

	代　码	名　　称	市值（亿元）	所属行业
1	300750.SZ	宁德时代	12181.96	电力设备
2	300760.SZ	迈瑞医疗	3783.30	医药生物
3	300059.SZ	东方财富	3331.29	非银金融
4	300999.SZ	金龙鱼	2942.84	农林牧渔
5	300015.SZ	爱尔眼科	2366.36	医药生物
6	300122.SZ	智飞生物	1823.36	医药生物
7	300014.SZ	亿纬锂能	1817.52	电力设备
8	300124.SZ	汇川技术	1709.63	机械设备
9	300274.SZ	阳光电源	1424.92	电力设备
10	300498.SZ	温氏股份	1403.79	农林牧渔

接下来，我们看一下沪深300指数的风险溢价走势图，如图4.25所示。

观察图4.25中的风险溢价走势，相对于沪深300指数的市盈率和市净率走势图而言，风险溢价走势图的均值回归效应更明显一些。

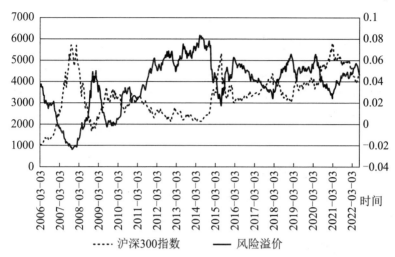

图 4.25　沪深 300 指数风险溢价走势图（数据来源：理杏仁网站。）

现在让我们再回到本节开始，我们寻找市场之锚的目的是用这个锚来衡量市场目前的点位是适合加仓还是适合减仓。为此，我们依次讨论了指数点位、指数市盈率、指数市净率和指数风险溢价。指数点位只适合中短期判断，如 1 ～ 2 年的时间范围。市盈率和市净率相比指数点位要好不少。但是从历史走势看，2007 年前后市盈率和市净率相比最近几年还是呈现出明显的不一致性。在图 4.25 中，2008 年底指数最低位时的市净率竟然与 2015 年中指数最高点的市净率差不多一样。这意味着，如果在 2010 年我们使用一套规则来判断高低，到了 2015 年这套规则很可能非常不适用。2021 年初，指数的高点位置对应的市净率与 2015 年中相比依然低很多，也导致我们在 2021 年初并不会减仓很多。

反观图 4.25，在历史上的数次高点和低点时，风险溢价曲线对应的点位就非常有规律。特别是 2015 年以后，风险溢价指标几乎能精准预示出市场的高点和低点。比如，2015 年 6 月、2018

年 2 月、2021 年 2 月这 3 次的市场高点对应的风险溢价基本上都在 0.02 左右。在这个位置进行大幅减仓的话，就能保住牛市绝大部分的收益。在 2016 年 1 月、2018 年 12 月、2020 年 3 月这 3 次市场的低位，风险溢价则基本上在 0.06，这个位置买入，就能实现精准抄底。

4.4.2　模型阐述

通过上一节的讲述和比较，本节我们以风险溢价为例来构建一个变股债比的股债平衡模型。

该模型的大原则就是在市场低位时提高股债比，在市场高位时降低股债比。

尽管从图 4.25 中我们已经看出风险溢价是一个非常不错的具有均值回归效应的市场指标，但是它也不是完美的。只是相对其他指标而言，它的归一性更好。从理论上来说，假如我们找到一个完美的归一性非常好的市场指标，我们可以用具体的数值来衡量市场高低。就像数学中的正弦函数图形一样，可以用具体的数字 1 和 −1 来直接对标股债比。

在图 4.25 中，最近六年风险溢价曲线到 0.06 附近时就是市场的底部，而到了 0.02 附近时就是市场的顶部。虽然这个"规律"近几年很管用，但是在 2011 年以前似乎也不是那么管用。有些读者在做量化模型时比较偷懒，会直接用数值来作判断，比如刚才的 0.06 和 0.02。这样做的话，最近六年回测结果一定很棒，然而 2022 年以后呢？未来是否还会如此？这是一个大大的问号了。所以，在构建量化模型时，我们往往还需要对曲线作一些处理，通过一些简单的数学运算来找到适应性更好的解决方案。

均值曲线（简称"均线"）就是一个很好的办法。均线能勾勒出风险溢价曲线的中枢位置。有了中枢位置，接下来就比较好判断市场的高低了。

计算均线一般有两种思路：一种是计算总体均值；另一种是计算移动均值。所谓总体均值就是计算均值时的开始日期是固定不变的。移动均值则是会设定一个固定时间长度区间，这个区间会随着时间的推移而移动。

表 4.9　均值计算

序号	1	2	3	4	5	6	7	8	9	10
数值	4	2	1	5	6	7	3	2	7	5

如表 4.9 所示，如果计算序号 5 那天的总体均值，就是

$$\frac{4+2+1+5+6}{5}=3.6$$

序号 5 那天的近五天移动均值计算也是如上式一样，结果也是 3.6。现在时间前进一天，来到序号 6 这天。序号 6 的总体均值是

$$\frac{4+2+1+5+6+7}{6}\approx4.167$$

序号 6 的近五天移动均值则是

$$\frac{2+1+5+6+7}{5}=4.2$$

大家从这个例子应该就能理解总体均值和移动均值的区别了。

下面回到我们的变股债比模型上，风险溢价曲线的中枢可以设定为近五年的均值。有些读者可能会问，为什么是近五年均值？六年可以吗？我的回答是当然可以。之所以用近五年这个数

字只是习惯而已，就像我们国家有五年计划一样，国人一直都有整数情节。但是这个数值设定得也不能太随意，比如 1 年或者 10 年以上。如果设置 1 年就太短了，股债平衡策略作为一个中长期的配置策略，并不适合做得那么激进，股市的涨跌周期并不会短到只有 1 年。同样，设置超过 10 年的意义也不大，这里并不是说不可以设置 10 年，相比 1 年而言，设置 10 年是可以接受的。但是 5 年以前的股市对当下的市场行情究竟还有多少影响力？从我们的直观感受出发，时间越久远的数据对现在的影响一定是越小的。比如去年的 GDP 增速肯定比 5 年前的 GDP 增速对今年的影响大得多。说到这里，再提一下移动加权均值。所谓加权就是距离现在越近的数据权重越高。这种均值能更好地反映近因性的影响。不过这种均值计算起来比较麻烦，关键是还需要引入权重这个新变量。有兴趣的读者可以记下这一点，在精力允许的情况下自行探索。

图 4.26 中标示出了风险溢价 5 年均值的曲线走势图。

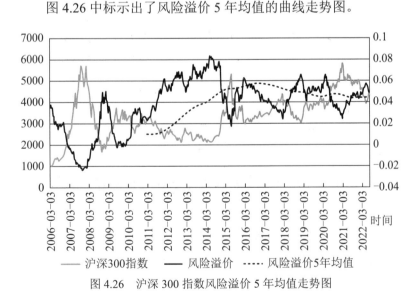

图 4.26　沪深 300 指数风险溢价 5 年均值走势图

风险溢价 5 年均值曲线是从 2011 年 3 月才开始有的。因为整个数据的计算起点是 2006 年 3 月，这是目前理杏仁网站能下载到的最早数据了。所以，要想完整计算 5 年均值，就只能从 2011 年 3 月开始。这也意味着后续回测模型时，开始时间点最早也是 2011 年 3 月。

现在有了风险溢价的中枢线（即风险溢价 5 年均值线），理论上来讲我们就可以依据风险溢价曲线和中枢线的位置关系来指导仓位高低。当前风险溢价高于中枢线时，股债比应该高一些；当风险溢价低于中枢线时，股债比应该低一些。这是定性的指导原则。目前还算不上一个可以量化的模型，因为其中还有很多定性的描述语言。比如，风险溢价高于中枢线多少时给出多少的股债比较为合适。量化模型不能有模糊的边界，必须精确。

在笔者的上一本书《小散逆袭：手把手教你做量化定投》中也遇到过类似的问题。笔者当时采用的办法是测算曲线和中枢线之间的差值，用这个差值来决定仓位。这是一种有效的办法，不过这次我们打算用一种新的办法来解决这个问题，就是标准差。

前文中我们用标准差来计算波动率。这里，标准差还有新用途。标准差从本质上说是衡量一组数据离散程度的指标。在样本数据符合正态分布的前提下，在均值前后一个标准差范围内的数据覆盖率是 68%，两个标准差范围内的覆盖率是 95%。我们在计算某一个时间点的风险溢价近 5 年均值时，是可以同时计算出这个时间点的风险溢价标准差的。标准差和近 5 年均值之间是联动的关系，这样就能比较好地反映当前风险溢价数值和 5 年均值之间的关系。

用标准差来进一步标识出风险溢价代表的风险等级。如

图 4.27 所示就是绘制出了 5 年均值正负一倍标准差范围的走势图。

图 4.27　沪深 300 指数风险溢价 5 年均值正负一倍标准差

在图 4.27 中，风险溢价 5 年均值曲线、正一倍标准差曲线、负一倍标准差曲线实际上是把市场的运行区域划分成了 4 个区间，每个区间对应了不同的风险等级。风险溢价曲线对应的是沪深 300 指数，当指数运行到某个位置时就可以根据风险溢价数值确定在哪个区间给予不同股债比。股债比在这里也可以理解为仓位的概念，因为我们实际上是把债当作"类现金"处理。

指导性的原则有了，在构建具体的量化模型时一定还要结合实际去考量。刚才提到 4 个风险区间的概念，这是很多人直观地会想到的方法，进而这样去制定规则。

当风险溢价曲线大于正一倍标准差曲线时股债比五五开，当风险溢价曲线介于正一倍曲线和 5 年均值曲线之间时股债比四六开，依次类推逐步降低股债比。

　　这种按照区间来决定股债比的方法看似合理，其实并不太符合我们实际操作时的要求。比如，如果按照上述规则去执行，第一次改变股债比会发生在 2014 年 9 月 5 日。模型是从 2011 年 3 月开始按照五五开的股债比运行，在经历了 3 年漫长的熊市后，在股市刚刚开始有一点儿起色时就突然降低股债比，实际就是减仓。而我们知道 2014 年 9 月 5 日时仅仅只是牛市的开端，卖在起涨点一定会让我们在后面的牛市中懊恼不已。无论如何，在熊市中坚守了几年的仓位不能在如此低的位置卖出。同样的问题还会发生在牛转熊后，在市场下跌初期就会提高股债比，会给人一种加仓加在半山腰的感觉。

　　量化模型的交易规则在设计时一定要切忌想当然。量化模型的设计过程是从感性到理性的过程，细节的把控最为重要，而这又是大多数投资者欠缺的。就像上面举例的规则，看似合理，看似是动了脑筋，但是经不起细节的推敲。考虑不全面，没有代入性思考，最终只会让模型无法执行下去。

　　其实上面这个例子的规则并不会引起灾难性的后果，充其量只是降低了一些收益率罢了。笔者相信即便按照这个规则去回测模型，结果也一定会比固定比例的模型要好一些。可能有些读者在设计模型时只看了最后的收益率曲线，只要曲线好就不去关心模型的交易细节，这是非常错误的。一个量化模型要想在实际中被执行下去，一定也是符合人的交易习惯的。

　　为了规避上面例子中交易规则的漏洞，我们把股债比的调整从区间改为越线。下面是笔者提出的变股债比模型交易规则。

　　当风险溢价曲线和正一倍标准差曲线相交时，股债比变为四六开；当风险溢价曲线和 5 年均值曲线相交时，股债比变为三七开；当风险溢价曲线和负一倍标准差曲线相交时，股债比变为二八开。当模型股债比为某一比例时，按照每三个月间隔进行一次股债再平衡。

经过这样的改造后，模型就可以避免出现在 2014 年 9 月 5 日减仓的尴尬。因为 9 月 5 日前，模型的目标股债比就是四六开的，所以并不会降低模型的股债比。而第一次的减仓其实是发生在 2014 年 12 月 19 日，从后视镜的角度看，那时的股市起码已经涨到牛市的一半高度了。在这个位置减仓，并不会让我们在以后心态失衡、懊悔不已。

4.4.3　模型回测

变股债比模型的回测依然可以在 Excel 中进行，大家可以参照图 4.28 所示的格式来制作自己的回测表格。强烈建议大家自己动手在 Excel 中回测这个模型，在回测过程中能体会并感受模型的一些细节，这对我们分析模型是非常有帮助的。

时间	十年期收益率	300PE	沪深300	全债指数	风险溢价	5年均值	5年标准差	正一	负一	股债比	沪深300市值	全债指数市值	总资产
2011-3-4	0.039388	0.061801641	3270.666	143.952	0.0224	0.0100	0.0190	0.0290	(0.0090)	40%	40000.00	60000.00	100000.00
2011-3-11	0.039328	0.062328985	3247.376	144.085	0.0230	0.0099	0.0189	0.0288	(0.0090)	40%	39715.17	60055.44	99770.60
2011-3-18	0.038489	0.064078276	3215.685	144.312	0.0256	0.0099	0.0188	0.0287	(0.0090)	40%	39327.59	60150.05	99477.64
2011-3-25	0.038714	0.062585664	3294.484	144.588	0.0249	0.0098	0.0188	0.0287	(0.0090)	40%	40291.29	60265.09	100556.38
2011-4-1	0.039126	0.065147429	3272.729	144.689	0.0260	0.0098	0.0188	0.0296	(0.0090)	40%	40025.23	60307.19	100332.42
2011-4-8	0.039081	0.063952931	3353.358	144.817	0.0249	0.0098	0.0188	0.0285	(0.0089)	40%	41011.32	60360.54	101371.85
2011-4-15	0.038709	0.063778764	3358.944	145.163	0.0251	0.0097	0.0187	0.0284	(0.0089)	40%	41079.63	60504.75	101584.38
2011-4-22	0.038966	0.065094419	3299.942	145.273	0.0261	0.0097	0.0187	0.0284	(0.0089)	40%	40358.04	60550.60	100908.64
2011-4-29	0.038713	0.069789064	3192.723	145.397	0.0311	0.0097	0.0187	0.0284	(0.0089)	40%	39046.76	60602.28	99649.05

图 4.28　变股债比模型回测表格

模型的回测时间段是 2011 年 3 月 4 日到 2022 年 7 月 15 日。数据采集的日期频率依然是按周进行采集。

4.4.4 模型评价

评价模型时我们首先需要关注的依然是模型的收益率走势图，因为这张图包含了我们评价模型的所有技术指标，并且是用直观的方式来展现。本书后面还会涉及很多模型，在评价这个环节都会首先展示收益率走势图。事实上，当我们习惯于看收益率走势图后，基本只需要看图，就能大致判断出模型是否满足我们的需要。变股债比模型的收益率走势如图 4.29 所示。

图 4.29 变股债比模型收益率走势图

从图 4.29 看，变股债比模型运行的效果非常好。收益率曲线是以一种上台阶的方式不断递增，熊市时模型基本能守住，像台阶的平面；牛市时模型能让收益率跟随指数跃升，像进入更高一级台阶；牛转熊时，模型的回撤非常有限，能守住绝大部分的牛市收益。在回测的这 11 年多时间里，模型最终的收益率是大幅跑赢沪深 300 指数的。这才是最关键的问题，大幅跑赢指数，就意味着很多评价指标会非常不错。

这里仅仅有图 4.29 这样的走势图还是不够，因为变股债比模型是作为固定股债比的改良模型出现的。我们通过风险溢价曲线对市场进行了不同阶段的划分。从理论上来说，这种改造能使变股债比模型的收益率领先于固定股债比模型。所以，必须对比固定股债比模型来观察。

按照我们设计的变股债比模型，模型股债比的变化范围是四六开、三七开、二八开。所以，我们需要看到模型与这 3 种固定股债比模型在相同回测时间段的收益率走势图。在上一节中，我们知道三七开模型的收益率曲线会介于四六开和二八开模型之间，为了图形显示更清晰，只需要绘制出变股债比模型和四六开、二八开模型的收益率走势图即可，如图 4.30 所示。

图 4.30　三个模型收益率走势图对比

看到图 4.30 后，笔者的心总算是放下了。与两个固定股债比模型相比，变股债比模型的最终收益率是有明显提升的。这说明我们前面设计的模型规则是有效果的，感性认知上升到理性测试后，证明我们的想法是能通过市场考验的。

模型的评价指标结果详见表 4.10。

表 4.10　模型评价指标结果

	变股债比模型	沪深 300	四六开模型	二八开模型
总 收 益 率	88.01%	29.9%	71%	79.31%
年化波动率	6.61%	21%	8.4%	4.22%
夏 普 比 率	0.86	0.11	0.58	1.25
最大回撤比率	12.68%	43%	16.86%	6.78%

4.5 基金风格测算方法

本节的内容涉及基金的挑选和基金组合的持仓分析。对于大多数基民而言，这是一个进阶的内容。但是，基金挑选和基金组合持仓分析是非常庞杂和没有统一明确标准的。在挑选基金时，每个人都会从不同的维度和角度去切入，得到的结论也可能大相径庭。测算基金风格也许只是挑选基金的一个环节，它虽然不能保证我们赢利，但是依然对我们的持仓有很大的帮助。本节会采用量化的方法，建立一个基金风格分析算法，帮助我们精确测算出任意一只基金的风格。

4.5.1 什么是基金的风格

基金风格可以理解为基金在投资过程中偏好于某种具体特征的行为。常见的投资风格可分为市值规模风格和成长价值风格两方面。投资风格按市值可以分为大盘、中盘、小盘，按成长性可以分为价值、平衡、成长。

以市值规模为划分标准的大盘、中盘和小盘风格是非常好理解的，这一点无须赘述。那么价值风格、成长风格和平衡风格该如何理解呢？

所谓价值风格就是注重以低于内在价值的或者合理的价格买入相对优质的公司进行长期投资，对成长性要求不是很高，但对估值要求比较严格。这类公司的股票普遍具有低 PE 和低 PB 的特点。比如，目前的银行股和地产股就是如此。

成长风格与价值风格相对，主要投资于成长性高的股票，高度重视处于快速成长期和高行业景气周期的公司。在进行公司筛选时，成长风格对公司净利润增速等成长指标的要求非常严格，通常是要远高于市场平均水平。这类公司的股票普遍具有高 PE 和高 PB 的特点，比如目前的消费股和科技股等。

基金公司在发售一只基金时并不会主动披露这只基金的投资运作风格，那么我们如何才能知道这只基金的投资风格呢？

第一种方法是通过基金季报披露的前十大持仓股，由持仓股的风格来判定基金的风格，如图 4.31 所示。

序号	股票代码	股票名称	最新价	涨跌幅	相关资讯	占净值比例	持股数（万股）	持仓市值（万元）
1	600519	贵州茅台	1885.00	1.66%	变动详情 股吧 行情	7.73%	140.00	286,300.00
2	300750	宁德时代	514.00	-1.91%	变动详情 股吧 行情	5.05%	350.15	186,960.42
3	000858	五粮液	169.41	1.30%	变动详情 股吧 行情	4.24%	778.00	157,101.54
4	600887	伊利股份	35.80	1.82%	变动详情 股吧 行情	3.68%	3,500.00	136,325.00
5	002142	宁波银行	28.87	4.19%	变动详情 股吧 行情	3.48%	3,600.00	128,916.00
6	603501	韦尔股份	92.90	-2.39%	变动详情 股吧 行情	3.18%	680.00	117,660.40
7	002271	东方雨虹	31.51	1.58%	变动详情 股吧 行情	2.82%	2,031.00	104,535.31
8	603259	药明康德	88.65	0.97%	变动详情 股吧 行情	2.81%	1,000.00	103,990.00
9	002475	立讯精密	37.70	2.86%	变动详情 股吧 行情	2.55%	2,800.08	94,614.70
10	300059	东方财富	22.81	1.74%	变动详情 股吧 行情	2.47%	3,600.59	91,454.87

富国天惠成长混合A/B(LOF) 2022年2季度股票投资明细　来源：天天基金　截止至：2022-06-30

图 4.31　富国天惠的前十大持仓股明细

这种方法缺点还是很多的：一是时效性差，基金季报的发布一般都会滞后 3 ～ 4 个月，当我们看到季报时很可能基金的持仓已经发生了比较大的变化，基金的风格也可能发生变化；二是无法精准测算，基金季报中的前十大持仓股往往只是基金持仓的一部分，如30%或者50%，通过一少部分持仓股的风格来判定整只基金的风格也显得非常粗糙。总而言之，这种方法只适合粗浅的浏览，只能大概从定性的角度对基金风格作一个初步判定，远远达不到精确测算的程度。

第二种方法是通过财经网站查询。目前天天基金网和晨星网都能查询到任一一只基金的投资风格，如图4.32所示。

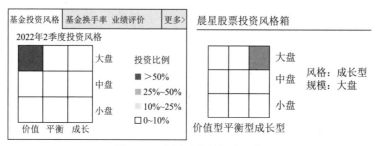

图4.32　富国天惠的投资风格

晨星网发明的这种九宫格风格箱是一种直观且优秀的基金风格分类方法。我们能够一眼看出基金的投资风格。

但是细心的读者会发现，图4.32中天天基金网和晨星网对富国天惠这只基金的风格划分差别非常大。左边是天天基金网的划分，它把富国天惠归类到大盘价值风格，而右边的晨星网则把富国天惠归类到大盘成长风格。

出现这种情况的原因估计是各家网站对于风格的测算方法不同，从而导致最终结果不同。至于上述两家网站采用的什么算法，我们不得而知。从富国天惠过去的走势看，晨星网给出的结果更符合实际一些。

大的基金网站给出的结果居然不同，这就促使我们必须自己想办法来进行基金的风格测算。其实即便晨星网给出的结论是对的，我们依然需要能自己来掌握测算的方法。

4.5.2　基金风格测算原理及实现方法

如上文所述，各家基金网站都有自己的基金风格测算方法，而且还没有公开算法细节。我们普通基民能否利用有限的数据资源构建属于自己的测算方法呢？答案是肯定的。构造算法的方法应该有很多种，下面笔者详细讲述一下自己构造的测算方法。

受资产资本定价模型（CAPM）的启发，笔者发现用一元线性回归分析法即可对基金的风格进行精确测算。鉴于很多读者对数学的恐惧，这里尽量用通俗化的语言来解释。大家并不需要非常精确地了解一元线性回归的计算过程，只需要知道其大致的原理即可。

一元线性回归分析预测法，是根据自变量 X 和因变量 Y 的相关关系，通过建立 X 与 Y 的线性回归方程进行预测的方法。

一元线性回归分析法的预测模型为

$$Y_t = aX_t + b$$

其中：X_t 为自变量；Y_t 为因变量；a 和 b 为系数。

相信很多读者看到上面的公式会觉得似曾相识，没错，这个公式其实就是我们高中数学解析几何中的直线公式。因变量 Y 就是二维坐标中纵轴坐标的值，自变量 X 是二维坐标中横坐标的值，a 是直线的斜率，b 则是直线的截距。给定一个 X 的值，就能通过直线公式得到 Y 的值。如果有一组 X 的值，那么就能得到一组 Y 的值，这时就可以说这组 Y 值和这组 X 值之间是一元线性关系。

举例来说，有两组数字集合 $X=\{1,2,3,4,5\}$、$Y=\{2,4,6,8,10\}$。现在我们来用一元线性回归分析的方法来得到集合 X 和集合 Y 之间的关系方程。

在 Excel 中填写集合 X 和 Y，全选后，插入散点图，得到如图 4.33 所示的散点图。

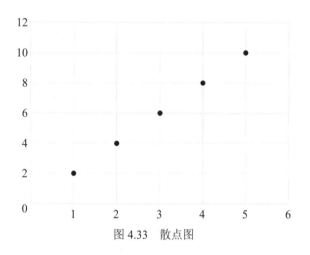

图 4.33　散点图

图 4.33 中的 5 个点的二维坐标分别是 (1,2)、(2,4)、(3,6)、(4,8)、(5,10)，横坐标是 X，纵坐标是 Y。现在，集合 X 中的数字和集合 Y 中的数字就实现了一一对应的关系，这种关系反映在二维平面上就是点的坐标。

鼠标右击其中一个点，在菜单中选择"添加趋势线"选项，这时，图表中就会出现一条以虚线表示的趋势线，这条线其实就是集合 X 和集合 Y 的一元线性回归分析得到的拟合直线。再在虚线上右击鼠标，勾选"显示公示"和"显示 R 平方值"，就得到图 4.34 所示的图线。

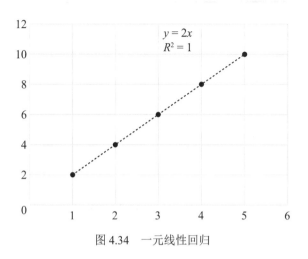

图 4.34　一元线性回归

　　这样，我们就在 Excel 中完成了对集合 X 和集合 Y 的一元线性回归分析。通过得到的回归方程 $y=2x$，我们得知，集合 Y 中的每个数字都是集合 X 中对应位置数字的两倍关系。R^2 等于 1，说明集合 X 和集合 Y 是 100% 符合一元线性关系，R^2 可以简单理解为"拟合度"。

　　上面这个例子是一个完美的例子，因为 R^2 等于 1。在实际应用中，几乎所有的情况下，R^2 都不太可能等于 1，R^2 的范围为 0～1。比如，我们对集合 Y 中的数字进行一些改变，变为 $Y=\{3,4,6,9,10\}$，集合 X 保持不变。重复上面的分析步骤，会得到新的回归方程，如图 4.35 所示。

　　新的回归方程从原来的 $y=2x$ 变为 $y=1.9x+0.7$，R^2 等于 0.9704。$y=1.9x+0.7$ 代表的是图中趋势线的解析表达式，那些散点并没有落在趋势线上。因为无论如何，这些点都不可能像图 4.35 那样用一根直线横穿，通过一元线性回归分析计算后，得到的最优一元线性解就是如此。

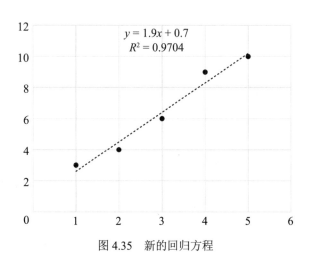

图 4.35　新的回归方程

下面，我们顺着这个思路继续推演。此时，假设集合 X 具有某种风格，如价值风格。那么通过集合 X 和集合 Y 之间的一元回归方程和 R^2 值，我们是不是就可以说集合 Y 也是具有价值风格呢？毕竟它们二者之间的拟合度高达 97.04%。我们可以把集合 X 和集合 Y 的数字想象成基金的日涨跌幅。现在我们把集合 X 的称呼改成基金 X，集合 Y 的称呼改为基金 Y，基金 X 在第一日的涨幅是 1%，通过回归方程可以得出第一日基金 Y 的涨跌幅是 $1.9 \times 1\% + 0.7 = 2.6\%$，实际上基金 Y 在第一日的涨跌幅是 3%，这中间的误差就可以理解为 R^2 值表示的拟合度。注意系数 1.9，可以理解为基金 Y 对基金 X 的风格的放大或者缩小系数，当系数大于 1 时，说明基金 Y 比基金 X 的风格更加激进，属于风格的放大，当系数小于 1 时，则属于风格的缩小。这个系数在金融领域被习惯性地称为 β。系数 0.7 可以理解为一个固定的加成值。从涨跌幅的角度看，这个加成值如果是正数，意味着基金 Y 比基金 X 每天总能多涨一点点。这个系数在金融领域被习惯性地称为 α。

有了 α 和 β，一元线性回归分析方程就可以表达为

$$Y=\beta X+\alpha$$

到这里，相信大家对一元线性回归分析的原理就比较明白了。有了这个基础，我们可以继续推演。如果市场上有价值风格指数或者成长风格指数，那么用这些指数代表基金 X，我们就可以用上述分析方法对任意一只基金 Y 来分析 Y 和 X 之间的一元线性关系。

非常幸运的是，市场中就正好有各种标准风格指数。这里笔者选用的是巨潮网提供的风格指数，如表 4.11 所示。

表 4.11　巨潮网风格指数

指 数 名 称	指数代码	基　日	基　点	发布日	样本股数量
巨潮成长指数	399370	2002/12/31	1000	2010/1/4	332
巨潮价值指数	399371	2002/12/31	1000	2010/1/4	332
巨潮大盘成长指数	399372	2002/12/31	1000	2010/1/4	66
巨潮大盘价值指数	399373	2002/12/31	1000	2010/1/4	66
巨潮中盘成长指数	399374	2002/12/31	1000	2010/1/4	100
巨潮中盘价值指数	399375	2002/12/31	1000	2010/1/4	100
巨潮小盘成长指数	399376	2002/12/31	1000	2010/1/4	166
巨潮小盘价值指数	399377	2002/12/31	1000	2010/1/4	166

数据来源：百度百科。

下面笔者以富国夭惠这只主动型基金和大盘价值指数为例，详细说明一下风格测算的步骤。测算的过程是可以在 Excel 中实现的，按照前文所述的方法实现即可。不过这次笔者并不打算再用 Excel 了，而是将在 Anaconda 中的 Spyder 里，使用 Tushare 和 Python 语言来实现风格测算。编程对于很多人来说都是一项门槛儿比较高的工作，不过说到底，程序语言只是工具，初级的应用

并没有想象中那么难。

第一步：数据准备。在 Tushare 中获取富国天惠和大盘价值指数的日频收盘价数据。因为富国天惠是基金，大盘价值指数是指数，在 Tushare 中获取数据的函数是不一样的，这一点需要注意。获取到日频数据后，将二者的数据以日期为索引进行合并。

```python
import numpy as np
import pandas as pd
import matplotlib.pyplot as plt
import statsmodels.api as sm
import tushare as ts

#解决图例汉字乱码问题
plt.rcParams['font.sans-serif']=['SimHei']
plt.rcParams['axes.unicode_minus']=False

#设置token
ts.set_token('0853f4bd5eaf32211e1421074319334█████94329a742e501')
pro = ts.pro_api()

#获取富国天惠的股价信息
df = pro.fund_nav(ts_code='161005.SZ', start_date='20220104', end_date='20220804')

#提取日期和前复权净值
df0 = df[['nav_date', 'adj_nav']]
df0.set_index(['nav_date'], inplace=True)


df1 = pro.index_daily(ts_code='399373.SZ', start_date='20220104', end_date='20220804')


df2 = df1[['trade_date', 'close']]
df2.set_index(['trade_date'], inplace=True)


df0['dd'] = df2['close']
df0.rename(columns={'dd': '大盘价值'}, inplace=True)

df0.rename(columns={'adj_nav': '富国天惠'}, inplace=True)
df0.sort_index(ascending=True, inplace=True)
```

第二步：数据清洗和整理。数据清洗是一个泛指的概念，在这里指的是把可能存在的数据缺失的数据行删除，保证后续计算中不会因为没有数据而引发错误。清洗后，再计算出每天二者的涨跌幅。一般在金融计算中，很多时候我们并不会直接使用收盘价来进行计算，在一元线性回归分析中使用涨跌幅是合适的选择。

第三步：进行一元线性回归分析。虽然用的是编程，但是我们并不会按照最小二乘法来计算，那样太复杂了。Python 中已经有封装好的关于一元线性回归分析的函数，我们只需要按照函数的要求，输入数据就能得到分析结果。

```
39   # 计算每日收益率
40   StockReturns = df0.pct_change()
41   StockReturns.dropna(inplace=True)
42
43
44   x = StockReturns['大盘价值']
45   y = StockReturns['富国天惠']
46
47
48   model = sm.OLS(y, sm.add_constant(x))
49   result = model.fit()
50
51
52   print('拟合度R方：'+str(round(result.rsquared,4)))
53   print('富国天惠'+' = '+str(round(result.params[0],6))+' + '+str(round(result.params[1],6))+'*'+'大盘价值')
```

　　第四步：数据可视化和结果整理。Python 编程的一大优势就是可以进行快速的数据可视化展示。所谓数据可视化就是用各种图形来展示分析结果。这里要展示的图形就是如前文中在 Excel 中那样的散点图，展示图形如图 4.36 所示。

```
56   plt.scatter(StockReturns['大盘价值'], StockReturns['富国天惠'])
57
58
59   plt.plot(x, result.fittedvalues, 'r--', label="OLS")
60   #绘制表头
61   plt.title('富国天惠风格拟合', fontsize=12)
62
63   #绘制图形的x轴和y轴的轴名称
64   plt.xlabel('大盘价值')
65   plt.ylabel('富国天惠')
66
67   #显示图形的图例
68   plt.legend()
```

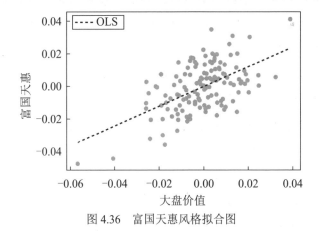

图 4.36　富国天惠风格拟合图

　　图 4.36 中的点表示的是某一天的情况，点的横坐标代表的是富国天惠当天的涨跌幅，点的纵坐标则代表大盘价值指数当天的

涨跌幅。拟合出的直线就是一元线性回归分析的结果。

我们关心的 3 个数值 R^2、α、β，它们在图形中都能粗略地进行直观感受。比如，R^2 越接近 1，散点越聚集在直线上；α 值如果等于 0，那么直线的延长线一定通过原点，α 值为正数时，直线的延长线会先与纵坐标轴相交；β 值越大，直线的斜率越大，倾斜度越大。

进行完以上 4 个步骤，我们就能得到富国天惠和大盘价值指数之间的拟合公式，即有

$$富国天惠 = -0.000562 + 0.602573 \times 大盘价值$$

$$R^2 = 0.3218$$

在进行风格测算时，我们并不关注 α 值，只需要知道 R^2 和 β 值。

接下来，重复以上步骤，用富国天惠依次和大盘成长指数、中盘价值和成长指数、小盘价值和成长指数这 5 个指数进行计算。计算完毕后，得到以下 6 个拟合公式，即

拟合度 R^2：0.3218

富国天惠 = -0.000562 + 0.602573 × 大盘价值

拟合度 R^2：0.9284

富国天惠 = -0.000118 + 0.813273 × 大盘成长

拟合度 R^2：0.5287

富国天惠 = -0.000393 + 0.702962 × 中盘价值

拟合度 R^2：0.8716

富国天惠 = -0.000245 + 0.852518 × 中盘成长

拟合度 R^2：0.5223

富国天惠 = -0.000521 + 0.671588 × 小盘价值

拟合度 R^2：0.7481

富国天惠 = -0.000262 + 0.747028 × 小盘成长

从这 6 个公式中的 R^2 我们能看出富国天惠和这些风格指数的拟合程度高低。但是这时只是定性地知道富国天惠的风格表现。如果想定量测算，还需要进一步作一些处理。这里，笔者采用的方法是把各个公式中的 R^2 和 β 值相乘，然后对得到的 6 个数字进行归一化处理，最终计算出富国天惠的"精确"风格占比。

X_1=0.3218 × 0.602573=0.1939

X_2=0.9284 × 0.813273=0.7550

X_3=0.5287 × 0.702962=0.3717

X_4=0.8716 × 0.852518=0.7431

X_5=0.5223 × 0.671588=0.3508

X_6=0.7481 × 0.747028=0.5589

大盘价值风格占比 =X_1 × 100/(X_1+X_2+X_3+X_4+X_5+X_6)=6.52%

大盘成长风格占比 =X_2 × 100/(X_1+X_2+X_3+X_4+X_5+X_6)=25.39%%

中盘价值风格占比 =X_3 × 100/(X_1+X_2+X_3+X_4+X_5+X_6)=12.50%

中盘成长风格占比 =X_4 × 100/(X_1+X_2+X_3+X_4+X_5+X_6)=24.99%

小盘价值风格占比 =X_5 × 100/(X_1+X_2+X_3+X_4+X_5+X_6)=11.80%

小盘成长风格占比 =X_6 × 100/(X_1+X_2+X_3+X_4+X_5+X_6)=18.80%

这里"精确"二字加了引号，因为所谓的"精确"只是指数字上的精确，而数字背后反映出的风格占比可能与实际是有出入的。因为对于基金的风格测算方法，不同的人会有不同的理解和算法，得到的结果也会有差异。

看到这里，相信一些读者尤其是新基民会问：计算基金的风格占比有什么用呢？笔者认为最大的用处就是分析自己持有的基金组合的风格偏好。从长期持有的角度看，我们希望自己持有的一揽子基金最终是一个风格均衡的状态。均衡意味着中庸，而中庸则是在市场上能长久生存的不二法门。

我们来看一个基金组合实例，因为是举例子，因此这里只列举两只基金的组合，大家学会方法后可以自行扩展计算。

假设我们有现金 10 万元，等金额买入并持有工银战略转型股票 A（000991）和富国天惠（161005）。

首先计算出这两只基金各自的风格占比，详见表 4.12。

表 4.12　工银战略转型、富国天惠风格占比

	工银战略转型	富国天惠
大盘价值	40.45%	6.52%
大盘成长	4.35%	25.39%
中盘价值	22.07%	12.50%
中盘成长	4.91%	24.99%
小盘价值	21.42%	11.80%
小盘成长	6.79%	18.80%

然后用每只基金的金额和各个风格的占比进行相乘，得到各个风格相应的金额，详见表 4.13。比如，工银战略转型的大盘价值风格占比是 40%，那么它的大盘价值金额就是 2 万元（5 万元 × 40%=2 万元），其他的以此类推。

表 4.13　组合风格占比

	工银战略转型	富国天惠	组　　合
大盘价值（元）	20225.28	3260.84	23486.12
大盘成长（元）	2176.81	12697.12	14873.93

续表

	工银战略转型	富国天惠	组　合
中盘价值（元）	11035.49	6249.93	17285.41
中盘成长（元）	2456.30	12495.52	14951.83
小盘价值（元）	10711.46	5898.70	16610.16
小盘成长（元）	3394.66	9397.89	12792.55

　　经过计算得知，我们投资的这两只基金，工银战略转型具有明显的价值风格，而富国天惠则是成长风格。整个账户这 10 万元中，价值风格为 57381.7 元，成长风格为 42618.3 元，价值风格占比 57.38%，成长风格占比 42.62%，账户风格属于均衡偏价值风格。

4.6 基金股债比的精准测算

所谓股债比就是一只基金或者基金组合中股票部分的占比。股债比可以简单地认为就是股票的仓位。了解自己账户的仓位是多少，对于股债平衡组合来说至关重要。

4.6.1 为什么要测算基金的股债比

本章开始部分讲解的股债平衡组合模型都是以沪深 300 指数作为股的部分，而沪深 300 指数对应的指数基金可以看作一个纯股票组成的基金，对于沪深 300 的指数基金，我们可以认为其股债比是 100%。在股债平衡组合中，沪深 300 指数的占比就是组合的股票占比。比如，一个组合中，沪深 300 基金 2 万元，债券基金 8 万元，那么这个组合的股债比就是 20%，这是一个二八开的股债平衡组合。

但是，在我们实际的账户中，往往并不会只持有沪深 300 的指数基金，可能还会买入其他指数基金或者主动型基金。

比如，科创 50 指数，从 K 线直观观察，我们也能知道科创 50 指数的上下波动幅度是比沪深 300 指数大不少的，假如一个组合中股的部分是科创 50 指数基金，那么直接用科创 50 指数基金在组合中的金额占比来等同组合的股债比是不合适的。

　　这里需要注意，笔者这里其实隐含了一个前提，就是把沪深 300 指数的波动作为股票市场的基准波动。虽然沪深 300 指数和科创 50 指数都是由纯股票组成的指数，但是在笔者看来它们的股含量是不同的。假设我们进行基金投资，预期的波动率像沪深 300 指数一样大约是 20%。如果买入的基金是科创 50 指数基金，那么实际这笔投资的波动率可能接近 40%，这意味着在熊市中潜在的浮亏会远远超过我们的预期值。

　　还有就是持有主动型基金。目前整个基金市场中，主动型基金中的混合型基金占比越来越高。不同的混合型基金，其股票的持仓占比是不同的。就算是同一只混合型基金，不同的时间段，其股票持仓占比也会有变化。比如，兴全趋势这只混合型基金就是如此，如图 4.37 所示。

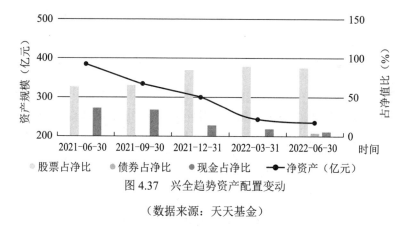

图 4.37　兴全趋势资产配置变动

（数据来源：天天基金）

　　在 2021 年 6 月 30 日，兴全趋势的股票持有占比是 63.98%，而 2022 年 3 月 31 日的股票持有占比是 90.1%，不同的股票占比意味着基金的波动幅度会发生变化。

综合以上因素，对基金的股债比进行测算是非常有必要的。

4.6.2　基金股债比测算原理及实现方法

谈及基金的股债比测算，首先要明白我们到底测的是什么。例如，上一小节中举例的沪深 300 指数和科创 50 指数，从 K 线上看就能直观感受到二者的上下波动幅度是不同的，科创 50 指数相比沪深 300 指数来讲更激进一些。那么我们就可以从基金的波动入手，波动率越高的基金，我们就可以认为其股票含量越高。

以市场基准指数——沪深 300 指数的波动率为基准波动率，计算出目标基金的波动率数值后与沪深 300 指数的波动率数值进行相比，得到的百分数即是该目标基金的股债比。

比如，沪深 300 指数的年化波动率是 20%，科创 50 指数的年化波动率是 40%，那么科创 50 指数的股债比就是 40%/20%=200%。也就是说，1 万元的科创 50 指数基金相当于 2 万元的沪深 300 指数基金。

关于年化波动率的计算方法，在本章的前面小节中有详细介绍 Excel 中的实现方法，这里笔者再给出使用 Python 语言的实现方法，仍然以兴全趋势这只基金为例进行说明。

第一步：数据准备。在 Tushare 中获取兴全趋势和沪深 300 指数的日频收盘价数据。

```
1
2    import numpy as np
3    import pandas as pd
4    import matplotlib.pyplot as plt
5    import statsmodels.api as sm
6    import tushare as ts
7    import math
8
9
10   ts.set_token('0853f4bd5eaf32211e1421074319334      329a742e501')
11   pro = ts.pro_api()
12
13   sDate = '20220104'
14   eDate = '20220804'
15
16   df = pro.index_daily(ts_code='000300.SH',start_date=sDate,end_date=eDate)
17   df = df[['trade_date','close']]
18   df.set_index(["trade_date"], inplace=True)
19
20
21   df1 = pro.fund_nav(ts_code='163402.SZ',start_date=sDate,end_date=eDate)
22   df1 = df1[['nav_date','adj_nav']]
23   df1.set_index(["nav_date"], inplace=True)
```

第二步：数据清洗和整理。用 dropnon 函数清洗可能存在的空白数据记录，然后用 ptcy 函数计算出二者每日的涨跌幅。

```
28   # 计算每日收益率
29   StockReturns = df.pct_change()
30   StockReturns.dropna(inplace=True)
31
32
33   # 计算每日收益率
34   StockReturns1 = df1.pct_change()
35   StockReturns1.dropna(inplace=True)
```

第三步：波动率计算。用 std 函数计算出二者的日级别波动率，然后再转化为年化波动率。

```
40   # 计算标准差
41   sigma_daily = np.std(StockReturns['close'])
42   print(sigma_daily)
43
44   sigma_year = sigma_daily * math.sqrt(250)
45   print(sigma_year)
46
47   # 计算标准差
48   sigma_daily = np.std(StockReturns1['adj_nav'])
49   print(sigma_daily)
50
51   sigma_year = sigma_daily * math.sqrt(250)
52   print(sigma_year)
```

第四步：得到沪深 300 指数的年化波动率是 21.81%，兴

全趋势的年化波动率是 22.31%。兴全趋势的股债比为 102.3%
（22.31%/21.81%=102.3%）。

```
0.0137934490977731
0.2180935796927878
0.014110734324847296
0.22311029962017873
```

第 5 章
顺势而为的趋势跟踪模型

股债平衡模型是一种"逆趋势"交易模型。那么，有"逆趋势"的操作就一定会有"顺趋势"的操作。顺势而为，在股票上升过程中不轻易减仓或者卖出，一直持有到上升趋势结束，用足够的仓位把上涨的利润拿到手；而在股票下跌过程中，不再加仓或者买入，空仓等待下跌趋势走完。

本章我们就一起来学习探讨趋势跟踪模型，看看这种模型是不是能给我们带来更好的操作和持有体验。

5.1 左侧与右侧之争

本节我们又新引入两个新名词——"左侧"和"右侧"。在日常交易中，想必大家或多或少都听到过左侧交易、右侧交易这两个词。

简单来说，左侧就是逆趋势，右侧就是顺趋势。

交易是买入与卖出，左侧和右侧分别是交易的方向。左侧交易是买跌，在下跌中买入；右侧交易就是追涨，在上涨中买入。

左侧交易和右侧交易是不同的进场逻辑。

5.1.1 左侧交易

左侧交易的进场逻辑如图 5.1 所示。

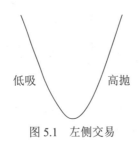

低吸　　　　高抛

图 5.1　左侧交易

1. 概念与特点

左侧交易，也叫逆势交易，是指逆市场指数而提前进行预判并采取相应的操作策略。其特点是在价格抵达或者即将抵达某个所谓的重要支撑点或者阻力点时就直接逆向入市，而不会等待价格转势。

2. 优缺点

优点：在价格转折点之前提前布局减仓，成本相对更低，不会存在后期的一路追涨。因为买跌可以不断降低持仓成本，所以投资者的心理感受相对来说比较好。大多数投资者在交易时，总是想用更低的价格买入更多的筹码。价值投资的鼻祖格雷厄姆曾说过："我对用一美元的价格买入一美元的资产毫无兴趣。"他的理念就是用 40 美分甚至 20 美分的价格买入一美元的资产。这种投资思想就是左侧交易，它深深地影响了整个投资界的投资行为。

缺点：在价格转折点没有出现之前买入，后市还能继续下跌多少是不能确定的。如果对于价格转折点的判断失误，则很可能买在下跌半山腰，要承受一定时间的套牢，如果没有耐心，很有可能无法坚持下来。

5.1.2　右侧交易

右侧交易的进场逻辑如图 5.2 所示。

图 5.2　右侧交易

1. 概念与特点

右侧交易，也叫顺势交易，是指根据市场过去一段时间的价格趋势，在上涨趋势初始阶段买入并一直持有，直到上涨趋势终结，价格出现转折点后卖出。其特点就是追涨杀跌。

在某个时间周期框架内，通过某判断标准确定行情阶段性高点（或低点）已经出现、确认后，在该高点（低点）的右侧进行交易。右侧交易承担的不确定性风险较小，时间成本低，交易成本高。

2. 优缺点

优点：股票市场在上涨趋势确认之后买进。在牛市中能最大程度地享受资产的快速增值。在上涨趋势结束后，市场处于下跌阶段。熊市中基本会处于空仓状态，资产安全性较高。

缺点：因为是在趋势已经确立之后，所以在犹豫中，市场已经拉升，整体的成本就会偏高，尤其是喜欢追涨的人，也有亏损的可能。在震荡行情中，往往是"高买低卖"，反复止损，非常考验交易者的执行毅力。

5.1.3　左侧交易与右侧交易的核心

左侧交易与右侧交易在股票市场是互斥的交易理念，两种交易理念都有自己的优点和缺点。

左侧交易的本质是相信周期循环。股票市场是国家经济的"晴雨表"，而我们知道现代市场经济是有周期现象的，反映在股票市场就是价格有低迷时期也有高涨时期。左侧交易者正是利用这一点，在股价低迷时期不断买入股票筹码，耐心等待经济好转直至过热时再高价卖出。

左侧交易最成功的营销案例是近些年在普通投资者群体中日渐风靡的"基金定投"投资策略。虽然基金定投目前有一些过度营销的趋势，但是它作为一种适合普通投资者的保守稳健型投资策略，还是非常值得肯定的。

很多基金定投投资者都听说过"定投微笑曲线"，如图 5.3 所示。

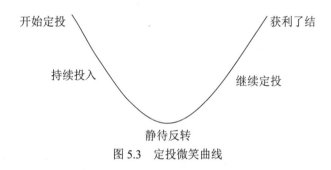

图 5.3　定投微笑曲线

一个半圆形的圆弧曲线，看起来就是一个抽象的微笑嘴型。

左半边的下降代表市场在不断下跌，属于左侧范畴。这时要坚持定投基金，不断地在底部获取低位筹码。而右半边的上升代表了市场在不断上涨，行情来了。此时经过前期左侧不断的买入，持续的投入终于到了回报期，股价不断上涨，账面盈利不断创出新高，这时再开启卖出模式，就完成了一次完美的定投微笑曲线投资之旅。

在投资实践中，定投这种左侧交易也确实能获得不错的投资业绩。关于这方面的知识，在作者的上一本著作《小散逆袭：手把手教你做量化定投》中有详细的讲解，有兴趣的读者可以参阅相关内容。

左侧交易的优点是非常突出的，它具有非常强的普适性和兼容性。

拿基金定投策略来说，简单直白的投资策略可以适用于绝大多数普通投资者。即便对金融知识知之甚少，也不知道如何判断牛市和熊市，但只需要知道一点，比如沪深 300 指数代表了中国股市，那么投资者只需要选择定投跟踪沪深 300 指数的基金即可分享中国经济发展的成就。从过往的历史数据回测，即使采用最简单的定期定额投资方法，其在很多时间周期内卖出后给予投资者的回报率都会远高于银行定期存款利息。

极低的学习成本是基金定投这类左侧交易理念最能被大多数投资者接受的关键。

千万不要小瞧这一点。投资者教育是金融市场一个非常重要的环节。人们选择放弃保本稳定的银行存款，拿着自己辛苦积攒下来的金钱来到充满风险的金融市场，这钱该怎么投下去，如何让投资者接受市场提供的金融产品，这是一件非常难的事。而基金定投策略原理简单，底层逻辑清晰，操作简便，能够快速地让投资者理解并接受这种投资策略。这一点是其他任何投资策略都不可比拟的。

同时，左侧交易还具有非常高的资金兼容性。不管投资者是每月定投几百元的普通散户，还是手握巨资的机构，都适用于左侧投资策略。普通散户在漫长的熊市中，可以通过每月不断的投入积攒筹码，从而在牛市一笔兑现收益。对于机构投资者而言，左侧交易似乎更是一种必然的选择。

在本书第 2 章中曾讲述过，股市是一个二级混沌系统。投资者买卖交易的本身也在影响着市场。机构投资者因为资金量庞大，如果短时间内集中买入一只股票，就会推高股价，导致买入成本不断提高。甚至很多时候因为卖盘的不足，某只股票短时间内根本无法承接大量的买入需求。同样，卖出也是如此。市场接纳资金容量的限制要求机构投资者只能采取左侧缓慢买入的策略，最大限度地确保交易本身对交易标的的影响达到最小。

上面讲述了左侧交易的诸多优点和好处，那么左侧交易是不是就是最好的、最理想的交易思路呢？答案显然是否定的。

左侧交易有一个最大的问题就是：时间成本的不确定。

现代市场经济有句名言：时间就是金钱。资本本身是有逐利的天性，获利时间的不确定会极大地影响资本进入的热情。

左侧交易是在市场不断下跌中持续买入，在底部区间也要持续买入并持有，这一过程的交易体验着实不好。在左侧交易的买入持有时间段内，因为市场不断地下跌，投资者实际上往往一直在承担着不小的账面亏损，而且大多数买入交易发生后不久，市场又继续下跌，导致之前的买入点位都比现在的价格要高。站在当时的时间点看之前的操作，得到的结果会让我们对自己的"错误"操作感到非常后悔。面对账面的亏损和自己过往一段时间的"错误"操作，投资者的挫败感会非常强烈。对于未来何时能盈利又存在巨大的时间上的不确定，这就导致左侧交易策略很难被投资者继续严格地执行下去。

金融市场尤其是股票市场对未来的不确定性是非常厌恶的，不确定就意味着风险未知。已经明确的风险往往已经包含在市场价格内了，但是对不确定的等待时间是无法精确定价的。

股票市场的价格走势严格来说只有 3 种，即下跌趋势、上涨趋势和震荡无趋势。在只能通过做多交易获利的情况下，只有上涨趋势才能带来真正的收益。我们一起来看一下沪深 300 指数过去 17 年的价格走势，如图 5.4 所示。

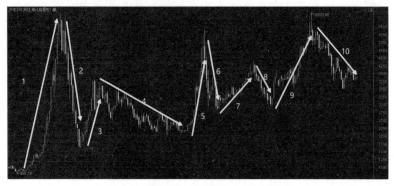

图 5.4　沪深 300 指数近 17 年走势图

图 5.4 是沪深 300 指数从 2005 年 1 月至 2023 年 7 月的月 K 线图。从图中我们能清晰地标识出历史上的上涨趋势和下跌趋势。1、3、5、7、9 是上涨阶段，2、4、6、8、10 是下跌阶段。

下跌时间最短的阶段是 6，2015 年 6 月到 2016 年 1 月，只有半年时间。而最长的下跌时间段 4 长达四年半，从 2009 年 12 月一直持续到 2014 年 6 月。截至笔者写作本书时，我们还处于下跌的阶段 10 中，2021 年 2 月至今已有两年半的时间。

我们会很自然地冒出一个想法：能不能只在上涨趋势中买入持有股票，而在左侧下跌趋势中空仓呢？

这真的是一个非常符合人性特点的想法，几乎每个投资者在市场中都会这样考虑。在下跌中空仓，既能保住牛市带来的收益还能避免熊市中资金的回撤损失。等到市场行情好了，再入场交易，充分享受上涨带来的收益。

右侧交易的核心就是对趋势的定义以及如何确定趋势的

存在。

趋势是指事物发展的动向。我们这里说的趋势，全称应该是"股票价格趋势"。它是对股票价格的一种基于股票价格 K 线图形的定性解读。

虽然根据随机漫步理论，股票价格的变动是随机且不可预测的，股票价格的日内涨跌幅也基本服从正态分布，但是我们依然能从股票价格的 K 线图形中看出趋势的明显存在。就如图 5.4 所示的那样，大多数投资者都能画出图中月 K 线的趋势走势。

价格趋势的存在实际上是对随机漫步理论的一种否定。因为如果股价真的如布朗运动一样呈现出随机状态，那么在大样本下的连续股票 K 线图应该是平行于时间轴的一个震荡分布态势。理论和实际出现矛盾时，往往意味着理论的不完善或者错误。所以，时至今日，随机漫步理论依然是一个理论假设而非公理。事实上，在金融学和经济学领域，大量的理论都只是假设。这些理论只能解释一部分金融和经济现象，并不存在"放之四海而皆准"的理论。

至于为什么股票价格 K 线图会呈现出一定的趋势走势，至今没有人能给笔者明确的理论解释，但是我们可以从金融行为学的角度给趋势的存在提供一个合理的解释。

当市场出现上涨时，初期可能是市场自发的无序行为。这时资金开始认为这是真实的利好，就不断涌入市场。新的资金就是买盘，买盘大于卖盘，价格不断升高。当这种态势一直延续下去时，上涨趋势就慢慢形成了。不断的上涨会吸引更多的资金进入，上涨进入正反馈阶段，趋势不断地被新资金加强。这有些像击鼓传花的游戏，在鼓声没有停之前游戏可以一直持续下去。

5.1.4 判断趋势的方法

1. 趋势线

通过绘制股票价格的趋势线，可以清晰地看到股票的上涨趋势。趋势线连接股票价格的低点或高点，可以帮助投资者确定股票的支撑和阻力水平，以及股票的趋势方向，如图 5.5 所示。

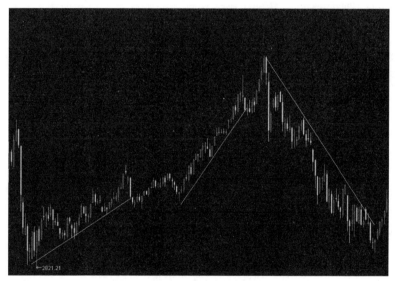

图 5.5　趋势线

图 5.5 中的直线就是两段上涨趋势线和一段下跌趋势线。趋势线的最大优势是绘制简单。股市中有句谚语——一把直尺闯天下，说的就是利用趋势线来指导交易。不过趋势线的绘制标准并不统一，不同的人对趋势线的定义是不一样的。这就导致趋势线只能是一种定性而非定量的趋势判断手段。

2. 移动平均线

移动平均线是一种常用的技术指标，用于平滑股票价格的波动，并显示出股票的趋势，观察股票价格是否在移动平均线上方并持续上升，可以用于表明股票存在上涨趋势。

移动平均线是对股票价格的二次数学处理。不同级别的移动平均线代表不同级别的趋势标准。5 日均线常常用于判断短期趋势，而 250 日均线会用于判断中长期的趋势。

3. 成交量

成交量是观察股票趋势的重要指标之一。通常情况下，成交量在股票上涨期间会增加，反映出市场参与者对股票的买盘力量。因此，观察股票价格上涨时的成交量是否放大，可以进一步确认上涨趋势的可靠性，如图 5.6 所示。

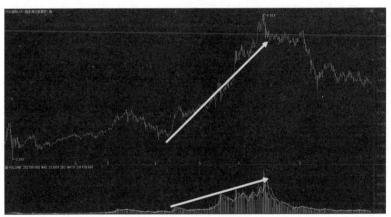

图 5.6　价格和成交量关系

4. RSI 等技术指标

RSI、MACD、威廉指标、布林线等技术指标也可以用于判断趋势。这些技术指标本质上都是对股票价格序列的二次数学处理，每个指标都有其使用的技巧和适用范围，既有优点也有缺点。

5.2 战胜指数

我们知道，股票指数代表了整个或者部分股票市场的走势。众多的公募或者私募基金都会设置一个业绩比较基准，这个基准通常都是市场公认的宽基指数。

如果投资者的投资业绩能跑赢股票指数，则代表其投资水平至少高于市场平均水平。

趋势跟踪交易的思想应用于指数投资，从理论上来说是能够战胜指数的。这里"战胜"意思是最终收益率应该超过同期指数的收益率。

下面我们就开始用最简单的趋势跟踪交易思想来创建一个指数趋势跟踪量化交易模型，看看此类模型最终能达成多好的结果。

5.2.1 模型阐述

上文中提到了4种趋势判断方法，画趋势线虽然简单，但是无法直接量化，我们很难用定量化的方法给趋势线一个定义。即便使用一元线性回归方法可以刻画出 K 线的趋势线，但是此种方法的使用难度比较大，最终效果可能并不会比更简单的方法有效。其他几种方法都是间接利用其他指标来判断趋势，计算量偏大，结果同样不见得更好。

回到趋势本身，直接使用 K 线本身的价格也能轻松判定趋势。

在上涨趋势中，以任意一天的收盘价为起点，若干天后的收盘价大概率会高于起点的价格。同样，在下跌趋势中，以任意一天的收盘价为起点，若干天后的收盘价大概率会低于起点的价格。

对于这种判定趋势的方法，最大的好处是简单易懂，量化实现难度最小，可以称之为最简单的趋势跟踪量化交易模型。

具体的交易规则如下。

（1）每个交易日，以收盘价为基准，与前 20 个交易日的收盘价进行比较。如果当天的收盘价高于 20 日前的收盘价且持仓为空，则买入。

（2）如果当天是持仓状态，且当天收盘价高于 20 日前的收盘价，则继续持有；反之则卖出。

需要注意的是，模型中比较的价格是前 20 个交易日当天的收盘价，中间的价格是忽略不计的。交易日和自然日也是不同的概念。自然日就是日历日期，而交易日只计算开盘的日期，所以 20 个交易日对应的自然日大致相当于 30 天。

5.2.2　模型回测

上一节创建的趋势跟踪量化模型规则非常简单，在 Excel 中是可以轻松实现的。请大家注意，后面随着模型的进一步优化，参数会变多，单纯依靠 Excel 进行回测将是一件非常困难的事情。但是现在，笔者依然很建议大家，特别是没有编程基础的读者，在 Excel 中来回测这个模型。只有认真地回测，你才能从中发现问题，才能够有效地改进模型。

第一步，确定回测标的。以沪深 300 指数为回测标的。

第二步，确定回测时间周期。以日为指数的下载单位。注意，通过很多渠道下载指数价格历史数据时，可以选择日、周甚至月线数据。通常情况下，本章涉及的模型都以日线数据为测试样本。

第三步，确定回测时间区间。从理论上来说，回测的时间区间越长越好，因为足够的大样本数据，更能说明模型在不同时期的表现。但是我们没必要回测太过久远的历史行情，本章接下来的模型回测时间不会早于 2010 年 1 月 1 日。所以，本模型的回测时间区间定位在 2010 年 1 月 1 日到 2022 年 12 月 31 日，足足有 12 年的时间跨度，涵盖了三次牛市三次熊市，样本代表性已经非常充足。

第四步，在 Excel 中新建表格，进行每日的模拟仿真交易，如图 5.7 所示。

▲	A	B	C	D	E	F
1	交易日期	沪深300		持仓	持仓金额	总金额
2	2010-01-04	3535.229				
3	2010-01-05	3564.038				
4	2010-01-06	3541.727				
5	2010-01-07	3471.456				
6	2010-01-08	3480.13				
7	2010-01-11	3482.052				
8	2010-01-12	3534.916				
9	2010-01-13	3421.144				

图 5.7　模型回测表格

如图 5.7 所示，回测表格一共有 6 列。

A 列是交易日期，B 列是沪深 300 指数的日线收盘价。这两列是需要提前下载好的，从 2010 年 1 月 1 日一直延续到 2022 年 12 月 31 日。

C 列用于显示当天价格相比前 20 个交易日收盘价的涨跌幅度。

D 列显示当天是持仓还是空仓。

E 列显示持仓指数时每天的持仓市值金额。

F 列显示当天账户的总金额。

通过以上 6 列数据，我们就可以很方便地模拟模型每天的买卖情况。

因为模型要求当天收盘价比较前 20 个交易日的收盘价，所以模型的实际运行起点并不是第二行 2010 年 1 月 4 日当天，而是第 22 行 2010 年 2 月 1 日，如图 5.8 所示。

	A	B	C	D	E	F
1	交易日期	沪深300		持仓	持仓金额	总金额
20	2010-01-28	3206.57				
21	2010-01-29	3204.155			0	10000
22	2010-02-01	3152.707	-10.8203		0	10000.00
23	2010-02-02	3146.189	-11.7240		0	10000.00
24	2010-02-03	3230.715	-8.7814		0	10000.00
25	2010-02-04	3218.802	-7.2780		0	10000.00
26	2010-02-05	3153.087	-9.3974		0	10000.00
27	2010-02-08	3150.988	-9.5077		0	10000.00
28	2010-02-09	3169.19	-10.3461		0	10000.00
29	2010-02-10	3214.13	-6.0510		0	10000.00
30	2010-02-11	3220.398	-7.1678		0	10000.00
31	2010-02-12	3251.278	-6.6459		0	10000.00
32	2010-02-22	3233.345	-7.6368		0	10000.00
33	2010-02-23	3198.634	8.8051		0	10000.00
34	2010-02-24	3244.483	-4.4176		0	10000.00
35	2010-02-25	3292.128	-3.4163		0	10000.00
36	2010-02-26	3281.666	-2.5112		0	10000.00
37	2010-03-01	3324.423	-0.1079		0	10000.00
38	2010-03-02	3311.236	2.1105	沪深300	10000.00	10000.00
39	2010-03-03	3335.081	4.2680	沪深300	10072.01	10072.01
40	2010-03-04	3250.573	1.3723	沪深300	9816.79	9816.79
41	2010-03-05	3259.764	1.7355	沪深300	9844.55	9844.55

图 5.8 模型回测表格

C 列可以用公式一次性计算完毕。在第 C22 单元格中输入公式"=（B22-B2）*100/B2"，再利用自动填充功能，就能获得 C 列所有的数据。

有了 C 列的数据，我们就能很轻松地得知 D 列是否应该持仓。比如，在第 22 行 2010 年 2 月 1 日当天，C22 的数值是 -10.8203，意思就是沪深 300 指数当天的收盘价相比前 20 个交易日下跌了 10.82%。根据模型规则，当天应该继续空仓，因此 D22 为空，E22 是 0，F22 的总金额还是初始的金额 10000 元。

从第 22 行开始，对后面的每行数据根据模型规则进行赋值。模型的空仓一直持续到第 38 行 2010 年 3 月 2 日当天。当天的 C38 显示为 2.1105，已经满足模型买入规则设定的条件。所以，D38 显示持有沪深 300，E38 显示金额 10000 元，全仓买入。

在接下来的几天，根据模型规则一直是持仓状态，可以利用公式，自动填充 D、E、F 列的数据，一直到卖出当天。

5.2.3　模型评价

在 Excel 表格中回测完毕后，就可以针对表格中得到的数字进行图形化展示。我们最关心的依然是模型的总金额增长率与沪深 300 指数增长率二者之间的走势情况对比，如图 5.9 所示。

通过图 5.9 的对比，我们能很直观地看出，相比沪深 300 指数，模型取得了比较明显的超额收益率。

凭借这张图，基本可以得出一个结论：模型有效，基本实现了模型设计之初的思想，即上涨时能跟上指数，下跌时能有效止损，保住牛市的收益。

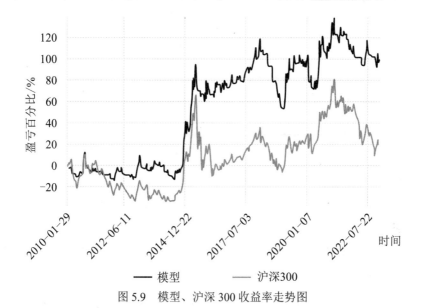

图 5.9　模型、沪深 300 收益率走势图

大家现在可以再回顾一下模型的规则。仅仅使用了一个交易规则，就能让我们轻松战胜指数，这是一件非常让人兴奋的事。

模型的评价仅仅只看图是不够的，图形只是从直观上展示了收益率的情况，显然我们需要知道更多的信息，需要知道模型是怎样带给我们超额收益的，具体详见表 5.1。

表 5.1　模型回测评价指标

	模　　　型	沪深 300
收　益　率	98.14%	20.83%
年化收益率	5.43%	1.47%
最大回撤率	−30.28%	−46.70%
年化波动率	14.57%	22.48%
总交易次数	291	—
月均交易次数	1.86	—

	模　　型	沪深 300
胜　　率	32.99%	—
次均收益率	0.62%	—

1. 收益率

这是最重要的评价指标，模型的成败与否首先取决于这个指标。在 12 年的回测时间区间内，沪深 300 的收益率只有 20.83%，模型的收益率是 98.14%，大幅跑赢指数。这些在图 5.9 中能明显看出。

2. 年化收益率

年化收益率是用总收益率和回测时间段两个数据计算得出的。考察这个数据是因为模型有可能回测不同的时间区间。如果只有一个总收益率数据，并没有直观的横向对比标准，如 5 年赚 100% 的利润和 10 年赚 100% 的利润，二者虽然最终的收益率都是 100%，但因为时间长短不同，因此还是有很大区别的。其次，在金融领域，年化收益率也方便我们更加直观地和其他数据进行对比，能够快速直观地对模型进行有效性判断。

根据表 5.1，沪深 300 的年化收益率只有 1.47%，这是非常低的一个数据，因为我们会很自然地联想到银行存款利率。大致上，2010 年到 2022 年期间，银行的存款利率都能达到至少 3%。两项对比，如果单纯持有沪深 300 指数，那在这 12 年间显然是非常不划算的买卖。从这里也能看出，即便是长期投资，入场的时机也是非常重要的。

模型的年化收益率是 5.43%，相比沪深 300 指数的 1.47% 高出很多，对比银行存款利率也是大幅跑赢。有了这个数据，我们大致上可以认为，模型在长时间周期内，每年能给我们带来 5.43% 的收益率。

3. 最大回撤率

最大回撤率是一个衡量风险的指标，而且是衡量历史上极端最差的情况。沪深 300 指数的最大回撤率是 46.70%，发生在 2015 年下半年，当时正是中国股市的至暗时刻。模型的最大回撤率是 30.28%，发生在 2018 年。在最差的情况下，模型带给我们的浮动亏损比例也是远远小于单纯持有沪深 300 的。

4. 年化波动率

年化波动率也是一个衡量风险的指标。通过它，我们可以大致知道账户的波动情况。总的来说，我们希望这个数值越小越好。

沪深 300 的年化波动率是 22.48%，模型的年化波动率是 14.57%。模型的波动率大幅小于指数，再结合上面的总收益率，我们可以知道，模型用更小的资金波动幅度，达到了更高的收益。简单说就是，跑得又快又稳。

5. 夏普比率

通过年化收益率和年化波动率可以计算出夏普比率。沪深 300 的夏普比率是 0.0654，模型的夏普比率是 0.3727。这意味着，对于沪深 300 指数来说，每承担 1 元的波动风险，能获得 0.0654 元的收益，而模型则可以获得 0.3727 元的收益，二者之间的差距高达 5.7 倍。

6. 总交易次数、月均交易次数

这是两个新的评价指标，之前的模型中虽有提及，但并未作为主要评价指标。之所以要统计这两个数据，是因为趋势跟踪量化模型往往跟踪的都是中短期的趋势。比如，模型的买卖是看前20日的价格，交易的频率这时就显得非常重要。对于普通投资者而言，一个月交易1次和一个月交易10次是完全不同的交易量。前者我们能长期坚持执行，因为频率低；而后者我们其实很难持续坚持下去。

模型在12年中，一共交易了291次。月均交易1.86次。每月大致有20个交易日，一个月交易不到两次，这个频率还是很合适的，可以划归到中频模型范畴。

通过以上7个评价指标，我们从更深层次对模型进行了分析，进一步从定量的角度佐证了我们开始对收益率图的直观判断结论。

7. 胜率

所谓胜率，就是盈利的交易占总交易次数的比例。这个指标只在中高频量化模型中有评价意义。

模型的胜率是32.99%，这意味着在测试时间区间内，每完成一次买卖交易，有32.99%的概率是盈利的。每10次交易中大概有3次多是盈利的。显然，这是一个低胜率的交易模型。

胜率如此之低，而最终的收益率又那么高，说明每次盈利赚的钱要远远大于每次亏损的钱。

8. 次均收益率

次均收益率是指平均每次买卖交易的收益率。

假设交易有三次，第一次亏损2%，第二次亏损3%，第三次盈利8%。从胜率的角度看，这三次交易的胜率只有33.33%。但是平均每次交易的收益率则是1%，即 (-2%-3%+8%)/3=1%。

模型的次均收益率是0.62%，表示每完成一次交易，我们能赚取 0.62% 的利润。需要注意，0.62% 只是一个统计学上有意义的数字，并不真的表示每次一定能赚取这么多的利润。盈利的回报不是均匀的，而是具有很强的随机性。

这个指标最大的作用是告诉我们模型是否是一个正期望的交易系统，长期运行下去是亏损还是盈利，每次交易大概能让我们盈利多少或者亏损多少。

5.2.4　模型优化

1. 交易费率

我们知道，模型的回测就是利用模型的量化规则，对以往的历史数据进行模拟仿真交易。既然是仿真交易，我们就需要最大限度地贴近真实交易情况。回顾上文中的回测过程，我们不难发现，在进行交易时，我们并没有考虑到交易费率的问题。

上一章的股债平衡模型同样没有考虑这个问题，是因为股债平衡模型是一个超低频的交易模型，交易费率对模型的最终收益率影响微乎其微，所以本着化繁为简的原则，就没有去计算交易费率。然而对于本章的趋势跟踪量化模型而言，由于其较高的交易频率，每次买卖又都是全仓进出，因此交易费率就不得不考虑进去。

不同交易标的对应的交易费率是不同的。

股票的交易费率由券商收取的交易佣金和交易所代收的印花税组成。基金的交易分为场内基金和场外基金。场外基金的交易费率是指基金公司在客户购买时收取的申购费和卖出时收取的赎回费。场内基金的交易费率则只有券商收取的交易佣金。

本章涉及的量化交易模型交易标的都为股票指数，而跟踪股票指数的是在场内交易的 ETF 基金。这类基金的买卖是实时的，交易费率只有券商收取的交易佣金。按照目前市场上各家券商针对场内 ETF 给出的交易费率，基本在万分之一到万分之三之间。

综上所述，模型的交易费率可以设定为万分之二。需要注意的是，这个万分之二的交易费率是在买入和卖出时都要收取的。

加入交易费率后，需要对 Excel 的测试表进行改进，在买入和卖出时都要扣除万分之二的金额。

重新进行回测后，模型的总收益率从 98.14% 降为 86.94%，年化收益率从 5.43% 降为 4.96%，最大回撤率从 -30.28% 升为 -30.78%，年化波动率从 14.57% 升为 14.59%，胜率从 32.99% 降为 30.93%，次均收益率从 0.62% 降为 0.58%。

可以看出，在回测时间区间内，一共 291 次交易，虽然只收取万分之二的交易费率，但依然对最终的总收益率产生了明显的影响。由此可见，中短期趋势跟踪量化模型必须考虑交易费率的影响，不然就会让测试结果"虚高"。交易费率对最大回撤率和年化波动率的影响很小，基本可以忽略不计。

2. 空仓资金年化收益率

在模型回测时，如果当天持仓为空，总金额的数值会原封不动地复制到第二天，并不会多一分钱。模型空仓的时间占比是很高的，在实际账户操作时，我们并不会真的把资金闲置起来，而是会购买一些无风险或者风险极低的固定收益产品。比如，场内可以购买货币基金、短融 ETF 或者国债逆回购。这些固收品种能让资金在空闲不用时也有一些利息收入。

这类无风险固收产品的年化收益率基本与当时的银行利率挂

钩。按照过去 10 年货币基金的年化收益率，我们取一个较为保守的收益率——年化 2%，作为空仓资金的年化收益率。

在回测中是无法直接使用空仓资金年化收益率来计算空仓日资金的日收益情况的，需要把年化收益率转换为日收益率。转换公式为

日收益率 =power(1+ 年化收益率 /100,1/250)-1

将 2% 作为参数带入公式中即可计算出其日收益率为 0.007921%。如果金额为 10000 元，那么每个交易日会有 0.7921 元的利息收入。注意，上面公式中年化收益率转日化收益率时使用的天数并不是 365 天，而是 250 天。这是因为在测试表格中只有交易日的数据，一年的交易日大约是 250 天。这个细节很容易被忽视，导致最后计算结果出现比较大的偏差。

将空仓资金年化收益率这个因素考虑进去后，再次对 Excel 测试表进行修改，得到新的回测数据。

模型总收益率从 86.94% 提升到 110.75%，年化收益率从 4.96% 提升到 5.94%，最大回撤率从 -30.78% 降为 -29.79%，年化波动率保持 14.59% 不变，胜率保持 30.93% 不变，次均收益率依然为 0.58%。

从数据可以看出，不起眼的空仓资金如果好好利用，即便年化仅仅只有 2% 的收益率，但是长期积累下来，依然能对模型的最终收益率产生比较大的正面影响。

把交易费率和空仓资金年化收益率这两个因素考虑进去以后，我们重新将模型的交易规则整理如下。

（1）每个交易日，以收盘价为基准，与前 20 个交易日的收盘价进行比较。如果当天的收盘价高于 20 日前的收盘价且持仓

为空，则买入。

（2）如果当天是持仓状态，且当天收盘价高于 20 日前的收盘价，则继续持有；反之则卖出。

（3）模型交易费率为万分之二。

（4）空仓资金年化收益率按照 2% 进行累加计算。

这是一个非常完备的量化交易模型。模型规则中清楚无歧义地规定了买入的条件、买入的资金量、卖出的条件和卖出的资金量。同时，对交易费率和空仓资金的使用也进行了考虑。

模型的最终测试结果表明，应用趋势跟踪的交易思想，即便在规则非常简单的情况下依然能轻松战胜指数。

3. 模型参数优化

在模型规则框架内，本模型只有一个可变参数，就是价格判定周期 20，用当天收盘价和前 20 天的收盘价进行对比。大家一定会对这个参数 20 提出疑问，为什么是前 20 天而不是前 10 天或者前 25 天呢？

对于这个问题，坦率地讲，并没有一个特别能让人信服的解释。我们无法用数学上演绎推导的方法给出选择 20 的理由。如果一定要给出解释，那就是这是归纳总结的结果。当我们对这个参数进行了非常多的回测后发现，选择 20 能给出一个不错的结果。

表 5.2 ~ 表 5.4 所列是对价格判定周期参数在 10 ~ 38 的回测结果，参数间隔为 2。

表 5.2   不同参数模型回测评价指标 1

	参数：10	参数：12	参数：14	参数：16	参数：18
收 益 率	113.40%	119.27%	45.80%	103.12%	78.27%
年化收益率	6.02%	6.25%	2.96%	5.63%	4.57%

续表

	参数：10	参数：12	参数：14	参数：16	参数：18
最大回撤率	−29.47%	−25.25%	−36.15%	−30.60%	−29.79%
年化波动率	14.84%	14.87%	14.78%	14.66%	14.46%
总交易次数	440	382	346	326	340
月均交易次数	2.81	2.44	2.21	2.08	2.18
胜　　率	36.82%	40.31%	35.26%	40.49%	38.24%
次均收益率	0.39%	0.45%	0.27%	0.48%	0.37%

表 5.3　不同参数模型回测评价指标 2

	参数：20	参数：22	参数：24	参数：26	参数：28
收　益　率	110.75%	133.06%	124.38%	62.41%	54.89%
年化收益率	5.94%	6.77%	6.46%	3.83%	3.45%
最大回撤率	−29.79%	−26.55%	−27.76%	−36.73%	−32.70%
年化波动率	14.59%	14.95%	14.74%	14.55%	14.94%
总交易次数	291	284	266	264	240
月均交易次数	1.86	1.82	1.7	1.69	1.54
胜　　率	30.93%	40.14%	36.09%	31.82%	34.17%
次均收益率	0.58%	0.65%	0.66%	0.41%	0.42%

表 5.4　不同参数模型回测评价指标 3

	参数：30	参数：32	参数：34	参数：36	参数：38
收　益　率	67%	71.11%	64.98%	42.05%	53.73%
年化收益率	4.06%	4.27%	3.97%	2.77%	3.41%
最大回撤率	−43.91%	−33.96%	−39.19%	−42.59%	−41.60%
年化波动率	14.72%	14.84%	14.7%	14.70%	14.6%
总交易次数	248	233	242	228	220
月均交易次数	1.59	1.5	1.56	1.47	1.42
胜　　率	31.45%	26.61%	36.36%	26.32%	30%
次均收益率	0.47%	0.51%	0.50%	0.40%	0.51%

限于本书的篇幅，这 15 次回测的收益率走势图就不一一展示出来了，只给出参数 10、22、34 这三个结果的收益率走势图，如图 5.10 至图 5.12 所示。

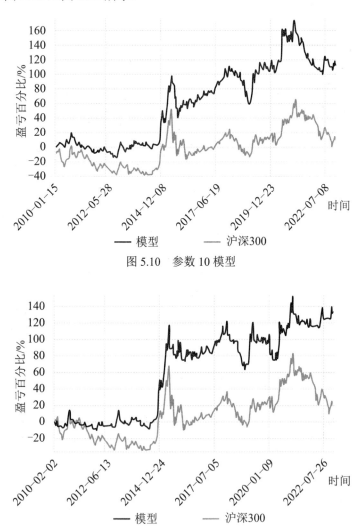

图 5.10　参数 10 模型

图 5.11　参数 22 模型

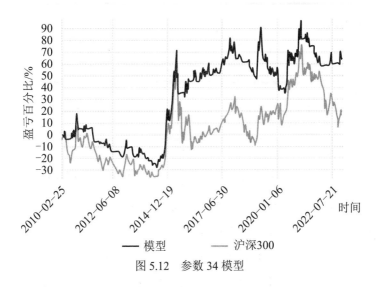

图 5.12 参数 34 模型

从回测的 15 个参数结果来看，可以进一步说明，趋势跟踪量化模型是有效的。总收益率最低为 42.05%，最高为 133.06%，波动幅度非常大，但都高于沪深 300 指数的 20.83%。最大回撤率最大的是 −43.91%，也比沪深 300 指数的 −46.70% 要少。年化波动率在 14.7% 左右，且呈现出比较稳定的状态，并不会随着参数的变化而出现大幅度的改变。交易次数会随着参数数值变大而变小，呈负相关规律。胜率和次均收益率相对比较稳定，波动幅度不算大。

综上所述，15 组结果中，在胜率、次均收益率和年化波动率变化都不大的情况下，总收益率出现了比较大的差异，说明模型的收益分布非常不均匀，个别盈利交易如果模型捕捉到，就会大幅提高总收益率。

参数 22 的测试结果各方面表现是最好的。从收益率图形看，它能胜出，有很大的原因在于它在 2022 年的熊市中表现很好，基本没有什么损失。但是它在 2018 年到 2021 年这几年中的走势表现又不如参数 10 这个模型。

指数在不同的行情走势中对参数的适配程度是不同的。有些行情可能用某个参数合适，而另一些行情又适合用另一个参数。那有没有可能提前计算出可能的适配参数呢？答案是可能不行或者非常难。

虽然从 15 组测试结果中我们无法总结出特别有用的规律性准则来确定参数的具体数值，但是从结果归纳来看，我们依然可以认为有些参数在模型的规则框架下对沪深 300 指数是有效的。这个有效性是用 12 年、3293 个交易日数据、200 多次交易、3 次熊市 3 次牛市验证出来的。虽然指数不会完全复制过去历史上的走势，但在一段时期内，指数大概率还是会沿着自己特有的运行规律走下去。这应该就是趋势跟踪量化模型长期有效的根本原因。

5.3 二八轮动模型

本节我们会在上一节模型的基础之上，继续探索新的趋势跟踪量化模型。

二八轮动模型是市场上出现较早、名气最大的趋势跟踪量化模型。现在已无从考证这个模型是谁最先提出并应用的。2016 年，雪球网、易方达基金等机构都推出过基于二八轮动策略的基金投顾产品，这个策略在当时可谓一时风头无两。

所谓二八轮动，指的是大盘股和中小盘股的轮动，其中"二"指大盘股，"八"指中小盘股。

A 股历史上具有非常明显的大小盘股轮动特征。在有些阶段，二者的走势甚至出现一定的负相关性，如大盘股在上涨而中小盘股在下跌。即便在同样上涨的情况下，也会出现一个比另一个涨得更多的情况。轮动就是汰弱留强，永远只持有上涨趋势最强的那个指数。

在通常情况下，用沪深 300 指数代表大盘股，用中证 500 指数代表中小盘股。

二八轮动策略的交易思想涵盖了趋势和动量两层含义。

跟踪趋势，就是要在上涨趋势中尽量持有仓位，在下跌趋势中尽量保持空仓。动量，我们可以理解为趋势的强度。同样的两只股票，在一周时间内，一只涨了 5%，而另一只涨了 10%，我们通常会说后者涨得更猛，意思就是后者的趋势强度更高，动量更大。动量越大，说明买入的资金越多，那么后续该股票的涨幅往往也会更大。

以上是对二八轮动策略的定性分析，该策略的具体模型实现规则如下。

（1）交易标的：沪深300指数、中证500指数。

（2）每个交易日，以收盘价为基准，同时比较沪深300指数和中证500指数当天收盘价和前20个交易日收盘价的涨跌幅，哪个涨幅大即持有哪个指数，且要求涨幅为正。如果二者的涨幅都为负数，则空仓。

（3）交易费率为万分之二，双向计算。

（4）空仓资金按照年化2%的收益率进行累加计算。

（5）测试时间区间：2010年1月1日到2022年12月31日。

下面进行模型的回测。从这个模型开始笔者就不再推荐使用Excel表格进行回测了。因为随着模型不断复杂，即便使用了Excel中的公式，手工回测的工作量也依然非常庞大，特别是参数增多后，回测一次就需要重新修改公式重新计算。编写程序进行回测是非常有必要的。由于本书只专注策略研究，并不侧重于讲述编程的细节，因此不在这里展示具体的编程过程。

其实编程的目的就是让计算机程序自动来按照模型规则进行仿真交易，归根结底依然是对Excel表格的处理，如图5.13所示。

模型回测结果如图5.14所示。

	交易日期	沪深300	中证500				持仓1	持仓1金额	总金额
49	2010-03-18	3267.555	4630.953	1.4643	6.2994		中证500	10000.98	10001.83
50	2010-03-19	3293.871	4663.903	1.3100	5.6085		中证500	10072.14	10072.99
51	2010-03-22	3302.628	4690.198	2.1428	6.1240		中证500	10128.93	10129.78
52	2010-03-23	3275.573	4658.626	2.4054	4.4733		中证500	10060.75	10061.60
53	2010-03-24	3276.669	4683.065	0.9920	2.7826		中证500	10113.53	10114.38
54	2010-03-25	3229.128	4620.749	-1.9137	-0.1990			0	9977.81
55	2010-03-26	3275.002	4686.931	-0.2031	1.1276		中证500	9976.00	9976.60
56	2010-03-29	3358.54	4723.611	1.0263	0.7969		沪深300	10049.99	10050.65
57	2010-03-30	3366.708	4744.423	1.6753	1.1541		沪深300	10074.43	10075.09
58	2010-03-31	3345.607	4756.157	0.3156	-0.0478		沪深300	10011.29	10011.95
59	2010-04-01	3391.935	4827.214	4.3488	5.2478		中证500	10145.97	10146.52

图 5.13　模型回测表格

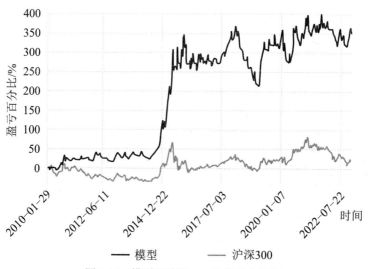

图 5.14　模型和沪深 300 收益率走势图

　　图 5.14 所示为模型的收益率和沪深 300 指数的收益率走势
对比图。测试的时间区间是 2010 年 1 月 1 日到 2022 年 12 月 31
日。从模型收益率走势可以很直观地看出，二八轮动模型的收益
情况远远好于上一节中测试的所有模型。

具体评价指标详见表 5.5。

表 5.5　模型回测评价指标

	模　　型	沪深 300	中证 500
收　益　率	351.18%	20.83%	34.06%
年化收益率	12.36%	1.47%	2.29%
最大回撤率	−33.50%	−46.70%	−65.20%
年化波动率	17.75%	22.48%	25.56%
总交易次数	497	233	264
月均交易次数	3.18	1.49	1.69
胜　　率	41.85%	43.78%	40.15%
次均收益率	0.69%	0.83%	0.56%
收益贡献率	—	46.10%	46.42%

（1）收益率：模型的总收益率高达 351.18%，远远高于同期沪深 300 指数的 20.83% 和中证 500 指数的 34.06%，也高于上节中收益率最高的 133.06%。如此高的总收益率说明，根据趋势强度——动量，进行二八指数的轮动是可以有效提高收益的。

（2）年化收益率：模型年化收益率为 12.36%，远远高于沪深 300 指数的 1.47% 和中证 500 指数的 2.29%。12.36% 是一个非常了不起的成绩。它足以让持有模型的投资者打败这个市场上绝大部分的投资者，成为投资金字塔最顶尖的那部分人。而投资者付出的仅仅是使用了一个规则如此简单的量化模型。

（3）最大回撤率：模型最大回撤率为 33.50%，同样发生在2018 年，而并非在 2015 年下半年的股灾中。模型的最大回撤率大幅小于沪深 300 指数和中证 500 指数的最大回撤率。

（4）年化波动率：模型的年化波动率为 17.75%，略高于上节中的模型，但是也小于沪深 300 指数的 22.48% 和中证 500 指数的 25.56%。

（5）总交易次数、月均交易次数：模型总交易次数是 497 次，大幅高于上节中模型平均 200 多次的交易次数；在这 497 次交易中，沪深 300 指数交易了 233 次，中证 500 指数 264 次，二者交易的次数几乎持平；模型月均交易次数 3.18 次，这个交易频率已经不算低了，差不多每周都要交易一次。

（6）胜率：模型的胜率为 41.85%，其中交易沪深 300 指数的胜率是 43.78%，交易中证 500 指数的胜率是 40.15%。

趋势类模型本就是低胜率高赔率模型，一般情况下很难在保证总收益率不显著降低的同时还能有较高的胜率。从笔者测算的这些趋势跟踪模型来看，41.85% 的胜率可以算是非常优秀了。

（7）次均收益率：模型的次均收益率是 0.69%，其中交易沪深 300 指数的次均收益率是 0.83%，显著高于中证 500 指数的0.56%。

（8）收益贡献率：所谓收益贡献率是指在总的收益中，各个指数在交易中的收益占总收益的比例。例如，总收益是 100 元，交易沪深 300 指数收益了 40 元，交易中证 500 指数收益了 60元，那么沪深 300 指数的收益贡献率就是 40%，中证 500 指数是60%。模型中，沪深 300 指数的收益贡献率是 46.10%，中证 500指数是 46.42%，二者几乎持平。细心的读者可能会注意到两个指数的收益贡献率之和只有 92.52%，并非 100%。这是因为空仓资金也会有年化 2% 的收益率，缺少的这 7.48% 就是由空仓资金贡献的。

在模型回测表格中，仔细观察会发现，有很多时候模型持仓某个只有 1 天或者 2 天就得按照规则卖出或者调换指数，如

图 5.15 所示。

	交易日期	沪深300	中证500			持仓1	持仓1金额	总金额
1528	2016-04-20	3181.026	6022.2126	-1.3877	-0.8770		0	37571.43
1529	2016-04-21	3160.603	5970.682	-2.3327	-2.4234		0	37574.41
1530	2016-04-22	3174.901	6011.3201	-0.2184	-0.1180		0	37577.39
1531	2016-04-25	3162.033	5978.0772	-1.1190	-1.6348		0	37580.37
1532	2016-04-26	3179.161	6046.7734	0.2976	0.1490	沪深300	37575.48	37575.83
1533	2016-04-27	3165.916	6016.699	0.9730	1.6014	中证500	37403.52	37404.32
1534	2016-04-28	3160.581	5990.3285	-1.7316	-2.3980		0	37232.93
1535	2016-04-29	3156.745	5985.594	-1.9062	-2.7652		0	37235.88
1536	2016-05-03	3213.54	6167.4537	-0.2593	0.7009	中证500	37230.55	37231.38
1537	2016-05-04	3209.461	6169.7826	-1.6856	-1.8579		0	37237.99
1538	2016-05-05	3213.92	6203.8166	-1.3387	-1.8917		0	37240.94
1539	2016-05-06	3130.354	5961.489	-2.4596	-4.2942		0	37243.89

图 5.15　模型回测表格

2016 年 4 月 26 日买入沪深 300 指数，第二天就要切换成中证 500 指数，第三天又卖出中证 500 指数。频繁的超短线无效交易，既增加了交易难度，又会挫败用户使用模型的信心。

当然，这种情况有时确实也能带来更多的收益或者避免产生更大的亏损，但在实际操作中，因为是全仓交易，所以总会给人一种"瞎折腾"的感觉。

为了从一定程度上解决这个问题，我们需要引入一个新的模型参数——最少持仓天数。

最少持仓天数可以这样理解，如果当天买入开始持有一个指数，假设最少持仓天数是 3 天，那么即使第二天和第三天按照模型规则要换其他指数或者空仓时也依然持有该指数，也要一直达到规定的最少持仓天数 3 天。第四天则继续按照模型规则判断后进行操作。如此一来，就可以规避原模型中个别时间频繁换仓的尴尬。

引入新的参数后，二八轮动模型的规则修改如下。

（1）交易标的：沪深 300 指数、中证 500 指数。

（2）每个交易日，以收盘价为基准，同时比较沪深 300 指数和中证 500 指数当天收盘价和前 20 个交易日收盘价的涨跌幅，哪个涨幅大即持有哪个指数，且要求涨幅为正。如果二者的涨幅都为负数，则空仓。

（3）最少持仓天数为 3 个交易日。

（4）交易费率为万分之二，双向计算。

（5）空仓资金按照年化 2% 的收益率进行累加计算。

（6）测试时间区间：2010 年 1 月 1 日到 2022 年 12 月 31 日。

接下来进行新的模型回测。因为新模型相比之前仅仅只增加了一个最少持仓天数，因此模型的收益率曲线改变不大，收益率走势图就不再给出了，只展示评价指标的变化，详见表 5.6。

表 5.6　两个模型回测评价指标

	原　模　型	新　模　型
收　益　率	351.18%	378.93%
年化收益率	12.36%	12.88%
最大回撤率	−33.50%	−31.52%
年化波动率	17.75%	17.81%
总交易次数	497	392
月均交易次数	3.18	2.51
胜　　　率	41.85%	44.90%
次均收益率	0.69%	0.90%

通过对比，新模型在总收益率上略有提升。这是意料之中的事，因为我们在增加最少持仓天数这个参数时并不是为了提升收益率而是为了减少一些不必要的换仓操作。

最大回撤率从 −33.50% 降为 −31.52%，也是向好的方面改善。

年化波动率变化可以忽略不计。

总交易次数从 497 次大幅降为 392 次，减少了 20% 的操作量。这说明，增加的这个参数确实有效降低了交易次数，完成了设计目标。

胜率从 41.85% 提高到了 44.90%。交易变少了，胜率反而提高了。

同时，次均收益率也从 0.69% 提高到了 0.90%，提升很明显。

模型增加新的参数意味着模型的回测复杂程度会呈几何倍数递增。在赋值不同的情况下，其他条件不变，最少持仓天数这个参数的引入，对模型最终结果的改变有时也会非常显著。

假设价格判定周期参数设定为前 20 个交易日，最少持仓天数按照 1、2、3、4、5 来设定。回测结果对比详见表 5.7。

表 5.7　不同参数模型回测评价指标

	参数：1	参数：2	参数：3	参数：4	参数：5
收　益　率	351.18%	417.94%	378.93%	366.68%	283.66%
年化收益率	12.36%	13.57%	12.88%	12.66%	10.96%
最大回撤率	−33.50%	−31.29%	−31.52%	−30.19%	−33.19%
年化波动率	17.75%	17.77%	17.81%	17.88%	18.17
总交易次数	497	418	392	352	324
月均交易次数	3.18	2.68	2.51	2.25	2.07
胜　　　率	41.85%	44.50%	44.90%	47.16%	45.68%
次均收益率	0.69%	0.88%	0.90%	0.99%	0.97%

表 5.7 中的参数指的就是最少持仓天数。当参数从 1 变为

3 时，如上文所述，总收益率变化确实不大，但是当参数变为 5 时，总收益率出现了明显的下滑，变为 283.66%，与总收益率最高的参数 2 的 417.94% 相差巨大，如图 5.16 所示。

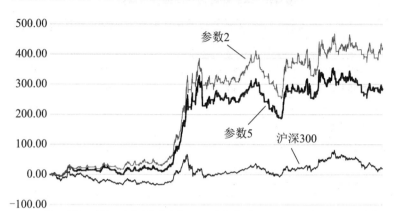

图 5.16　参数 2 和参数 5 模型的收益率走势图

图 5.16 所示为参数 2 和参数 5 模型的收益率走势图对比。数字上的巨大差别反映在图形上就非常明显了。明显可以看出，参数 2 的表现要一直好于参数 5。

对于参数 5 比参数 2 表现差很多，也能从定性的角度给出解释。模型的价格判定周期是前 20 个交易日，这是一个中短周期的判定。如果最少持仓天数为 5 天，则很可能短期趋势已经走差很多了但模型依然是持仓状态，导致亏损扩大。中短周期的趋势跟踪模型不能将最少持仓天数设定得过大，不然就会与模型的设计思想产生较大的冲突。

下面我们继续对模型进行价格判定周期参数的回测。设定最

少持仓天数为 3 个交易日不变，价格判定周期参数为 10 ～ 38，
参数间隔为 2，回测结果详见表 5.8 至表 5.10。

表 5.8　不同参数模型回测评价指标 1

	参数：10	参数：12	参数：14	参数：16	参数：18
收 益 率	111.77%	178.77%	37.12%	165.49%	315.26%
年化收益率	5.96%	8.24%	2.47%	7.84%	11.64%
最大回撤率	−38.63%	−30.72%	−53.61%	−49.79%	−31.53%
年化波动率	17.56%	17.92%	17.90%	17.96%	17.87
总交易次数	590	506	462	420	416
月均交易次数	3.77	3.23	2.95	2.69	2.66
胜 率	45.08%	48.22%	43.72%	45.24%	47.60%
次均收益率	0.31%	0.47%	0.21%	0.56%	0.77%

表 5.9　不同参数模型回测评价指标 2

	参数：20	参数：22	参数：24	参数：26	参数：28
收 益 率	378.93%	219.04%	112.81%	163.44%	87.82%
年化收益率	12.88%	9.40%	6.02%	7.80%	5.01%
最大回撤率	−31.52%	−28.58%	−39.23%	−37.65%	−47.34%
年化波动率	17.81%	17.83%	18.19%	17.81%	17.73%
总交易次数	392	384	380	336	326
月均交易次数	2.51	2.46	2.44	2.16	2.09
胜 率	44.90%	46.35%	41.05%	41.07%	40.49%
次均收益率	0.90%	0.71%	0.49%	0.67%	0.51%

表 5.10　不同参数模型回测评价指标 3

	参数：30	参数：32	参数：34	参数：36	参数：38
收 益 率	69.43%	10.72%	1.08%	103.20%	25.73%
年化收益率	4.18%	0.80%	0.08%	5.68%	1.80%
最大回撤率	−52.41%	−56.48%	−55.26%	−38.50%	−53.31%

续表

	参数：30	参数：32	参数：34	参数：36	参数：38
年化波动率	17.57%	17.68%	17.88%	17.26%	17.54%
总交易次数	292	314	328	328	316
月均交易次数	1.87	2.02	2.11	2.11	2.04
胜　　率	42.47%	41.40%	39.02%	45.73%	37.97%
次均收益率	0.49%	0.19%	0.13%	0.54%	0.23%

回测完毕后，观察上面 3 个表格，我们会发现二八轮动模型对价格判定周期参数的敏感程度远远大于上节中的单指数趋势跟踪模型。

上一节中的 15 个参数回测后，总收益率最低为 42.05%，最高为 133.06%。而二八轮动模型总收益率最高为 378.93%，最低仅为 1.08%。取得最高收益率的参数为 20，取得最低的参数是 34。

1.08% 的总收益率，这是一个非常令人沮丧的结果。要知道同期沪深 300 指数的收益率是 17.60%，中证 500 指数的收益率是 26.66%。模型大幅跑输指数，完全没有实现趋势跟踪和趋势轮动的效果，是完全失败的一个例子。

图 5.17 和图 5.18 为参数 20 和参数 34 两个模型的收益率走势图。

从收益率走势图可以看出，参数 34 的模型在 2010　2014 年指数处于下降趋势时不能有效止损，导致模型的亏损比例比指数还大。2019 年 4 月后，指数处于盘整状态，而模型却一路向下，亏损不断扩大。最后在 2020 年的指数上涨趋势中，模型的跟踪效果又非常不理想，最终取得了非常差的总收益率。

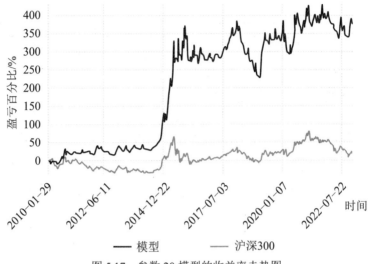

图 5.17 参数 20 模型的收益率走势图

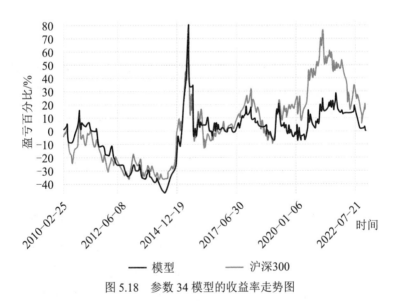

图 5.18 参数 34 模型的收益率走势图

通过分析回测的交易记录，在参数 34 的情况下，模型在指数下跌和盘整区间内，经常出现高买低卖的情况。指数下跌区间会有很多反弹情况出现，每到反弹快结束时，模型会认为上涨趋势到来而买入，但此时恰恰反弹结束后就下跌。在反弹的高位买入，在下跌的谷底卖出，如此反复，导致亏损不断扩大。

如果把指数比作人，每个人都有自己的喜好。当我们面对不同的人时，同样的相处模式，有些人会觉得很舒服，而有些人会觉得很难受。对于爱吃辣的人来说，请他吃烧烤，他可能会觉得是人间美味；而对于口味清淡的人来说，烧烤简直是难以下咽的食物。

股票指数可能也有如此的规律。每个指数都有自己内在的运行规则，都有自己特定的涨跌特点，价格判定周期就是对指数涨跌周期的一种外在判断。更何况，二八轮动模型涉及两个指数，两个指数相互交织，用一个价格判定周期来进行趋势和动量的判断，这本身就是一个极简的，甚至很粗糙的判断方法。

我们无法证明当价格判定周期为 20 时模型的收益率会如此之好，在以后的行情中，模型还能否继续维持这么好的收益率。

2016 年时，二八轮动策略红极一时，原因有两个：一是模型足够简单且规则透明；二是模型几乎完美规避了 2010—2014 年的大熊市以及 2015 年下半年和 2016 年初的两次股灾。但是时至今日，7 年过去了，现在市场上已经很少有人再提及这个策略了。让我们一起来回顾一下这个模型从盛而衰的过程。

把模型的回测时间调整为 2010 年 1 月 1 日到 2016 年 1 月 31日，经历了两次股灾的投资者看到的模型收益率走势图如图 5.19所示。

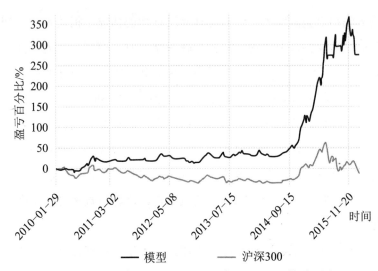

图 5.19　2010 年 1 月 1 日到 2016 年 1 月 31 日模型回测

　　这 6 年的时间，沪深 300 指数的收益率是 -8.05%，亏损状态。中证 500 指数的收益率也仅有 25.02%，而模型的收益率高达 276.81%，年化收益率是 24.73%。这是一个什么概念呢？股神巴菲特的长期年化收益率也只有 25% 左右，一个规则简单的二八轮动策略的收益率已经可以比肩巴菲特了。再看最大回撤率，模型是 -19.86%，沪深 300 指数是 -46.70%，中证 500 指数是 -54.35%。赚得那么多，而亏损的风险又小这么多，面对这么一个堪称"印钞机"般存在的模型，很难不让人心动。

　　虽然模型的策略非常简单，但是普通投资者要想亲自实盘操作，依然会有不小的困难。用户有需求，机构自然会满足。于是，各家机构都推出了很多版本的二八轮动策略产品，用户只需要在机构下单，即可轻轻松松上车"史上最牛"趋势跟踪模型。

　　接下来，我们把模型的回测时间调整为 2016 年 3 月 1 日到

2022 年 12 月 31 日，看看模型的样本外时间表现如何，得到的收益率走势图如图 5.20 所示。

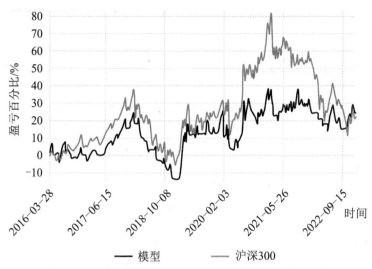

图 5.20 2016 年 3 月 1 日到 2022 年 12 月 31 日模型回测

在样本外，大家真金白银实战这 7 年中，模型的总收益是 24.90%，沪深 300 指数的收益率是 22.14%。虽然最后勉强跑赢沪深 300 指数，但从图 5.20 中能看出，模型的收益率始终不如沪深 300 指数。

本来趋势类模型最大的优点是能在熊市中及时止损，让亏损不再扩大，这也是趋势类模型长期能跑赢指数的关键。但是在 2018 年，模型的亏损比例甚至比沪深 300 指数还要多一些。更糟糕的是在 2020 年 4 月之后的大涨趋势中，模型并没有有效跟踪上涨，导致大幅跑输沪深 300 指数。在 2021 年 1 月指数最顶峰时，沪深 300 指数收益率为 80%，而模型同期只有不到 40%，足足少了一半。唯一值得欣慰的是，在 2021 年之后的下跌中，模型终于发挥出了趋势类模型该有的表现，比较好地规避了连续两年的下跌，这才让模型的最终收益率勉强跑赢沪深 300 指数。

二八轮动策略慢慢被投资者抛弃，除了自身最近几年表现不佳外，还有一个原因是近几年主动型基金的业绩实在太过亮眼，大幅跑赢沪深 300 指数。以代表主动型基金平均水平的工银股混指数为例，2017 年 7 月 31 日到 2022 年 12 月 31 日，工银股混指数的涨幅是 54.66%，同期沪深 300 指数的涨幅仅为 3.58%，如图 5.21 所示。

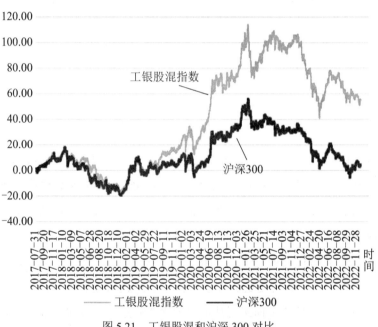

图 5.21　工银股混和沪深 300 对比

在 2021 年 1 月指数巅峰时刻，沪深 300 指数涨幅为 55.38%，工银股混指数的涨幅更是高达 113.25%。两者对比，在牛市狂热的状态下，沪深 300 指数的涨幅是二八轮动模型的一倍，而主动型基金的涨幅又是沪深 300 指数的一倍，差距太过明显，投资者当然会舍弃模型，投奔收益率更高的主动型基金。

二八轮动模型在样本内（2010 年 1 月 1 日到 2016 年 1 月 31 日）和样本外（2016 年 3 月 1 日到 2022 年 12 月 31 日）表现的巨大差异似乎也在印证本书前文所述的，股市是一个二级混沌系统。投资者的投资行为本身会对市场发生作用，从而改变市场的节奏。2016 年以前，大家都不知道二八轮动策略，模型运行的就很好。当 2016 年二八轮动策略成为市场上的网红产品后，大量资金涌入，导致市场节奏发生改变，很快就会让策略失效。同时也能解释为什么这么多年，市场上只出现了二八轮动策略这一个趋势类模型并且被产品化。

因为趋势类策略是追涨杀跌的右侧交易模型，具备短平快的特点，短期超高的收益率会吸引大量资金跟风模仿，从而导致策略快速失效。为了保持策略的有效性，策略的发明者往往不会公开策略详情。

二八轮动策略虽然最近几年表现不佳，但是该策略的实现思想依然非常值得我们学习借鉴。其简单易懂的模型规则，对于普通量化投资者而言是非常好的学习样本。在其基础之上，可以衍生出一系列的趋势跟踪量化模型。

比如，在交易标的的选择上，二八轮动模型使用的是沪深 300 指数和中证 500 指数来代表大盘股和中小盘股。这在 2016 年之前是没什么问题的，在那时全市场的股票数量只有 2000 多只。而时至今日，个股数量已经突破 5000 只，中证 500 指数从成分股市值来看，已经很难说一定是中小盘股的代表了。

我们有必要选择新的指数来实现二八轮动。

下面以上证 50 指数和创业板指数为交易标的来对模型进行回测。模型规则如下。

（1）交易标的：上证 50 指数、创业板指数。

（2）每个交易日，以收盘价为基准，同时比较上证 50 指数和创业板指数当天收盘价和前 20 个交易日收盘价的涨跌幅，哪个涨幅大即持有哪个指数，且要求涨幅为正。如果二者的涨幅都为负数，则空仓。

（3）最少持仓天数为 3 个交易日。

（4）交易费率为万分之二，双向计算。

（5）空仓资金按照年化 2% 的收益率进行累加计算。

（6）测试时间区间：2010 年 6 月 1 日到 2022 年 12 月 31 日。

回测结果如下，模型收益率走势如图 5.22 所示。

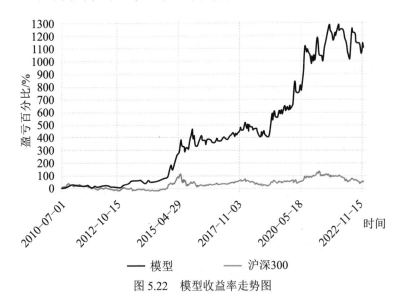

图 5.22　模型收益率走势图

模型评价指标详见表 5.11。

表 5.11　模型回测评价指标

	模　　型	上证 50	创业板指
收　益　率	1109.20%	46.41%	166.02%
年化收益率	22.05%	3.10%	8.14%
最大回撤率	−24.32%	−44.70%	−69.74%
年化波动率	22.46%	22.73%	30.51%
总交易次数	350	174	176
月均交易次数	2.32	1.15	1.16
胜　　率	50.29%	48.28%	52.27%
次均收益率	1.64%	0.90%	2.37%
收益贡献率	—	0.75%	95.57%

　　看到这个结果，我想大家一定会和笔者一样惊讶。模型的总收益率居然能达到 1109.20%，在 2021 年中最高达到 1300% 的收益率，真正实现了十年十倍这个遥不可及的投资目标。模型年化收益率是 22.05%，这也是一个可以比肩股神巴菲特的水平了。最大回撤率只有 −24.32%，比上证 50 和创业板指的最大回撤率小很多，甚至低过上文的二八轮动模型。胜率方面，模型的胜率是 50.29%。这也是一个不可思议的结果，因为趋势类模型都是低胜率。前文中已经测试过的模型中，在最理想的参数下，胜率也就做到 40% 多一点，而该模型的胜率居然能达到 50%。这意味着每出手一次，就有 50% 的概率是盈利的。

　　再来单独看一下，2016 年 3 月 1 日到 2022 年 12 月 31 日这段时间模型的收益率走势图，如图 5.23 所示。

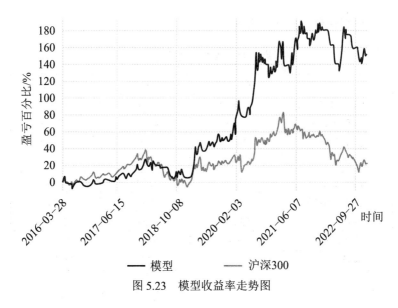

图 5.23　模型收益率走势图

从图 5.23 中可以看出，刚才以沪深 300 指数和中证 500 指数为标的交易时这个时间段模型表现很差，换作上证 50 指数和创业板指数后，模型表现却非常优异。2018 年的下跌区间内，模型的回撤幅度是明显小于指数的，总收益率相比沪深 300 指数也依然是具有非常明显的优势。

5.4 行业轮动模型

2016 年后，随着股市 IPO 速度加快，个股数量开始大幅增长，A 股整体市值不断攀升。庞大的个股数量让现今的 A 股很难出现类似 2007 年和 2015 年那样的整体牛市行情，随之而来的则是结构性行情。

所谓结构性行情是相对全面性普涨行情而言的。股市结构性行情是指部分股票大涨，而绝大多数的股票小涨或不涨甚至下跌的市场行情。

出现结构性行情与经济结构的转型升级和市场预期有关。通常情况下股市结构性行情会有以下两种市场表现。

（1）风格轮动。市场上的投资者是有偏好的，有时偏好价值股，有时偏好成长股，有时偏好大盘股，有时偏好小盘股，这种不同的交易偏好形成了不同的市场风格。风格轮动的本质也是高低的切换，在高低切换中完成不同的结构性行情。

（2）行业轮动。行业轮动受到经济周期和行业周期的双重影响，在不同阶段有些行业的表现会与其他行业不一样，有的逆周期成长，有的行业出现自身周期拐点等，行业轮动也是结构性行情出现主要的动力。如果行业轮动持续时间长，结构性行情就会演化成结构性牛市，结构性牛市再持续一段时间，有可能就会形成全面牛市。

2019 年和 2020 年虽然可以视为股市的牛市，但对于沪深

300 指数和中证 500 指数这种宽基指数而言，这两年的涨幅相比以往的牛市，涨幅和强度都逊色不少。宽基指数这种弱牛行情却诞生出不少强牛的行业指数，如以贵州茅台为代表的食品饮料行业、以长春高新为代表的医药行业、以陕西煤业为代表的煤炭行业、以牧原股份为代表的养殖行业和以比亚迪为代表的新能源汽车行业等。

上一节中，我们创建了以双指数为交易标的的趋势跟踪量化模型。通过回测表明在某些特定参数下，双指数模型比单指数模型的效果要好很多。双指数模型只能进行大小盘股票的风格轮动，如果将交易标的进行扩充，以行业指数为交易标的，我们就能得到行业轮动趋势跟踪量化模型。

行业轮动模型的模型框架规则与上一节的二八轮动模型是一致的，唯一的区别在于交易标的由两个扩展到了若干个。

市场上行业指数众多。以中证指数公司发布的中证行业分类为例，该分类将行业划分为四级。一级行业有 11 个，分别是能源、原材料、工业、可选消费、主要消费、医药卫生、金融、信息技术、通信服务、公用事业、房地产；二级行业是对一级行业的进一步细分，共有 34 个行业；三级行业有 98 个；四级行业有 260 个。

面对如此众多的行业，我们没有必要面面俱到，只需要选择市场上长期走势良好、市场热度较高、投资者参与度和认可度比较高的行业指数即可。比如，消费指数、医药指数、科技指数、证券指数、有色金属指数、银行指数、煤炭指数、军工指数等。

我们现在已经大体上知道了需要轮动的行业指数有哪些，下面就开始进行模型的具体规则设计。虽然行业轮动模型的交易思想和模型框架与本章前面两个趋势模型是一脉相承的，但是因为具体交易标的增多，还是有很多细节需要重新考虑。

首先我们需要明确具体交易哪些行业指数。这实际上给模型新增了一个变量参数，即交易标的数量。在战胜指数中，模型只有一个交易标的，到了二八轮动模型，交易标的变为两个。而本节交易标的可以是 3 个、5 个甚至更多。虽然还没有进行回测，但是我们从之前的测试中会发现，交易标的不同，对测试结果也会产生比较显著的影响。

这里我们先建立一个行业指数待选池，将我们感兴趣的行业指数都罗列出来：中证消费指数（代码：399932）、全指医药指数（代码：000991）、全指信息指数（代码：000993）、证券公司指数（代码：399975）、有色金属指数（代码：000819）、中证军工指数（代码：399967）、中证银行指数（代码：399986）、中证煤炭指数（代码：399998）。

接下来是模型的交易规则部分。

在二八轮动模型中，关于买入部分是这样规定的：比较两个指数当天的收盘价和前 20 个交易日的收盘价，哪个指数涨幅大就买入持有哪个指数。这里隐含的意思是模型同一时间只持有一个指数。在交易标的只有两个指数时这样规定是合适的，但随着模型扩展到行业指数轮动，交易标的有可能是 5 个甚至更多时，再选择只持有一个指数就显得有些少。所以，模型在同一时间可持有的指数数量应该作为一个新的参数引入模型中。

增加同时持仓指数个数在现实中也是符合投资者交易习惯的。

试想一种情况，当投资者已经持有中证消费指数，该指数也在上涨趋势中时，投资者对持有它感觉非常好。但是突然第二天，在按照模型规则进行判断时发现，全指信息指数的前 20 个交易日涨幅超过了中证消费指数的涨幅，而且只超过一点点，虽然全指信息的涨势也不错，但是此时让你全仓卖出也非常好的中证消费指数去买入全指信息指数总会让人觉得不安，甚至有种"瞎折腾"的感觉。

那么此时一个比较合理的解决办法应该是同时持有二者。在保持中证消费指数持仓不变的情况下，同时顺势买入全指信息指数。同时持有两支上涨趋势中的指数会给人更大的信心。

这里又会引申出一个新的问题，即买入资金的分配问题。之前的模型因为只同时持有一个指数，买入的金额是全部，因此不存在资金分配问题。但当同时持有指数个数大于或等于两个时，就会存在资金分配问题。

关于资金分配可以有多种解决办法，每种办法都是对模型的重新定义，办法之间的优劣和对最终结果的影响是需要通过回测才能知道的。这里笔者给出两种解决办法，然后选择一种作为接下来模型的买入资金分配规则。

假设模型同时持有指数个数为两个。在开始运行模型时是空仓状态，我们有初始资金 10000 元。在第二天，对交易标的的若干指数进行趋势动量评价，只有中证消费指数涨幅为正数，其余指数涨幅都是负数，那么第二天结束时，我们应该买入中证消费指数。

办法一：全仓 10000 元，买入中证消费指数。

办法二：因为同时最大可持有的指数是两个，为了给以后可能发生的买入留下资金，这里只买入 5000（10000÷2=5000）元的中证消费指数。剩下的 5000 元作为闲置资金。闲置资金会按照空仓资金年化 2% 的收益率进行递增处理。

相比办法一，办法二是一种资金等权分配的思想，买入的力度相比办法一是偏保守的。

接下来，第三天、第四天按照模型判定规则也都只有中证消费指数符合持仓条件，就一直持有该指数。到第五天时，按照规则全指信息指数也满足买入条件了。

办法一：计算当前持有的中证消费指数市值，假设这几天中证消费指数涨了 5%，那么此时其市值就是 10500 元。卖出一半金额的中证消费指数，即 5250 元，再买入 5250 元的全指信息指数。

办法二：中证消费指数继续持有不变，把预留的闲置资金 5000 元全部买入全指信息指数。

这两种买入资金分配方法笔者认为都是比较合理的解决方案，相比之下，笔者选择办法二作为接下来模型的买入规则。

到此，我们完成了对行业轮动模型的细节讨论。该模型的具体交易规则可以明确如下。

（1）设参与交易的指数个数为 M。

（2）设模型价格判定周期为 N。

（3）每个交易日，对参与交易的 M 个指数比较当天收盘价和前 N 个交易日的收盘价，按照涨幅从高到低进行排序。

（4）设模型同时最多持有指数个数为 K。

（5）在第三步完成排序后，只保留涨幅为正数的指数。买入排名前 K 位的指数，每只买入金额为当天总金额的 $1/K$。

（6）每个交易日对持仓的指数进行趋势强度判定，若相比前

N 个交易日涨幅为负数，则卖出。

（7）设指数最少持仓天数为 *D*。

（8）设交易费率为 *F*。

（9）设空仓资金年化收益率为 *E*。

这次模型的规则和以往不同的是，笔者将其中能改变的数字都赋予了一个字母参数。因为这些参数在测试过程中都是可调整的。如果想观察在不同的参数赋值下模型的收益表现，就要求在编程过程中不能将这些参数写死。笔者为这个模型编写的测试程序界面如图 5.24 所示。

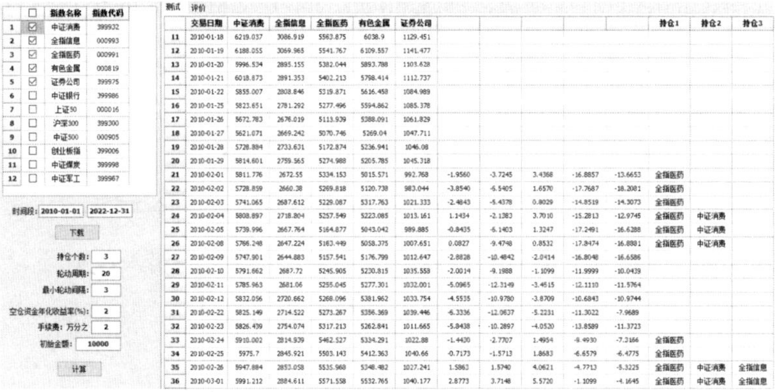

	交易日期	中证消费	全指信息	全指医药	有色金属	证券公司						持仓1	持仓2	持仓3
11	2010-01-18	6219.037	3086.919	5563.875	6038.9	1129.451								
12	2010-01-19	6188.055	3069.965	5541.767	6109.557	1141.477								
13	2010-01-20	5996.534	2895.155	5382.044	5893.788	1103.628								
14	2010-01-21	6018.873	2891.353	5402.213	5798.414	1112.737								
15	2010-01-22	5855.007	2808.846	5319.871	5616.458	1084.989								
16	2010-01-25	5823.651	2781.292	5277.496	5594.862	1085.378								
17	2010-01-26	5672.783	2676.019	5113.939	5388.091	1061.829								
18	2010-01-27	5621.071	2669.242	5070.746	5269.04	1047.711								
19	2010-01-28	5728.884	2733.631	5172.874	5236.941	1046.08								
20	2010-01-29	5814.601	2759.565	5274.988	5205.785	1045.318								
21	2010-02-01	5811.776	2672.55	5334.153	5015.571	992.768	-1.9560	-3.7245	3.4368	-16.8857	-13.6653	全指医药		
22	2010-02-02	5728.859	2660.38	5269.818	5120.738	983.044	-3.8540	-6.5405	1.6570	-17.7687	-18.2081	全指医药		
23	2010-02-03	5741.065	2687.612	5229.087	5317.763	1021.333	-2.4843	-5.4378	0.8029	-14.8519	-14.3073	全指医药		
24	2010-02-04	5808.897	2718.804	5257.549	5223.085	1013.161	1.1434	-2.1383	3.7010	-15.2813	-12.9745	全指医药	中证消费	
25	2010-02-05	5739.996	2667.764	5164.877	5043.042	989.885	-0.8435	-6.1403	1.3247	-17.2491	-16.6288	全指医药	中证消费	
26	2010-02-08	5766.248	2647.224	5163.449	5058.375	1007.651	0.0827	-9.4748	0.8532	-17.8474	-16.8881	全指医药	中证消费	
27	2010-02-09	5747.901	2644.883	5157.541	5176.799	1012.647	-2.8828	-10.4842	-2.0414	-16.8048	-16.6586			
28	2010-02-10	5791.662	2687.72	5245.905	5230.815	1035.558	-2.0014	-9.1988	-1.1099	-11.9999	-10.0439			
29	2010-02-11	5785.963	2681.06	5255.045	5277.301	1032.001	-5.0965	-12.3149	-3.4515	-12.1110	-11.5764			
30	2010-02-12	5832.056	2720.662	5268.096	5381.962	1033.754	-4.5535	-10.9780	-3.8709	-10.6843	-10.9744			
31	2010-02-22	5825.149	2714.522	5273.267	5356.369	1039.446	-6.3336	-12.0637	-5.2231	-11.3022	-7.9689			
32	2010-02-23	5826.439	2754.074	5317.213	5262.841	1011.665	-5.8438	-10.2897	-4.0520	-13.8589	-11.3723			
33	2010-02-24	5910.002	2814.939	5462.527	5334.291	1022.88	-1.4430	-2.7707	1.4954	-8.4930	-7.3166	全指医药		
34	2010-02-25	5975.7	2845.921	5503.143	5412.363	1040.66	-0.7173	-1.5713	1.8683	-6.6579	-6.4775	全指医药		
35	2010-02-26	5947.884	2853.058	5535.968	5348.482	1027.241	1.5863	1.5740	4.0621	-4.7713	-5.3225	全指医药	中证消费	全指信息
36	2010-03-01	5991.212	2884.611	5571.558	5532.765	1040.177	2.8773	3.7148	5.5720	-1.1099	-4.1645	全指医药	中证消费	全指信息

图 5.24　模型回测软件界面

接下来我们对模型进行回测，看看实际表现如何。

回测的时间段是 2010 年 1 月 1 日到 2022 年 12 月 31 日。

回测的交易标的是：中证消费指数、全指信息指数、全指医药指数、有色金属指数、证券公司指数，*M*=5。

价格判定周期 *N*=20，同时最多持有指数个数 *K*=3，指数最少持仓天数 *D*=3，交易费率 *F* 为万分之二，空仓资金年化收益率 *E*=2%。

回测结果如下。图 5.25 所示是收益率走势图。

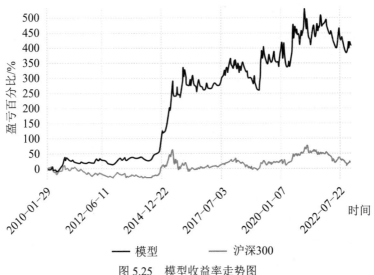

图 5.25　模型收益率走势图

回测评价指标详见表 5.12。

表 5.12　模型回测评价指标

	模型	中证消费	全指信息	全指医药	有色金属	证券公司
收　益　率	412.58%	271.02%	78.58%	107.14%	1.83%	-39.34%
年化收益率	13.48%	10.68%	4.59%	5.80%	0.14%	-3.79%
最大回撤率	-23.81%	-44.33%	-69.70%	-54.23%	-64.40%	-73.22%
年化波动率	19.36%	25.41%	30.76%	26.20%	32.03%	35.34%
总交易次数	1192	280	206	256	230	220
月均交易次数	7.63	1.79	1.32	1.64	1.47	1.41
胜　　　率	43.79%	50%	46.60%	44.53%	39.13%	37.27%
次均收益率	0.98%	0.48%	2.21%	0.39%	0.86%	1.28%
收益贡献率	—	16.58%	42.37%	8.20%	15.30%	11.11%

（1）收益率：模型的总收益是 412.58%，相比 5 个交易标的指数，同期的收益率是大幅超越的。5 个指数中收益率最高的是中证消费指数，最低的证券公司指数居然是 −39.34%。证券股作为强周期行业的代表和牛市发动机，在 12 年的时间里收益率如此之低，说明这个指数并没有长期持有价值。其超高的波动率意味着该行业指数只有波动交易价值。类似的还有有色金属行业指数。

（2）年化收益率：模型年化收益率是 13.48%。这个成绩属于优秀，一个非常令人满意的结果，相比 5 个指数也是大幅超越。

（3）最大回撤：模型最大回撤率是 −23.81%，比二八轮动模型的最大回撤率 −31.52% 小不少，这是一个比较明显的改善。它比 5 个指数的最大回撤率也小很多。

（4）年化波动率：模型年化波动率是 19.36%，相比二八轮动模型的 17.81% 是有所升高的。因为交易标的的波动率明显大于二八轮动模型中两个指数的波动率。

（5）总交易次数、月均交易次数：模型总交易次数为 1192 次，月均交易次数 7.63 次。相比二八轮动模型的 392 次，行业轮动模型的总交易次数有大幅升高。这说明，随着交易标的的数量的提升，交易次数也会提升。这个数字的大幅提升会大大增加交易的难度。

（6）胜率：模型胜率是 43.79%。这是一个符合预期的数值。

（7）收益贡献率：全指信息指数在整体收益中贡献最大，达到 42.37%，最低的是全指医药指数，仅为 8.2%。比较有意思的是证券公司指数，虽然该指数的总收益率是负数，但是其在模型的总收益中贡献了 11.11% 的收益率。这进一步说明了，没有长期持有价值的指数并不代表没有波段交易价值。

关于模型参数的优化问题介绍如下。

模型中目前可优化改进的参数是：交易标的个数 M，价格判定周期 N，最多同时持有指数个数 K，最少持仓天数 D，一共四个参数。

对于交易标的 M 来说，一般情况下我们会固定选择一些指数进行长期跟踪，如中证消费指数，这是一个非常优秀的行业指数。中外股市的历史已经证明，消费指数是股市中最不能忽视、最值得持有的指数。那么对于模型而言，消费指数就是必选项。同理，其他指数也都有其存在的合理性，所以对于 M 而言，笔者并不想去进行过多的单独讨论。

价格判定周期参数 N 是整个模型中最核心的存在。一个指数能不能买入，能不能卖出，关键就是看 N 如何选择。和上文中的情况一下，在行业轮动模型中 N 在不同的赋值情况下会对模型的结果产生非常大的影响。同时这种影响经过测试对比，我们并没有发现比较明显的规律特征。唯一一个特征是，在测试了不同的参数后，只有在 $N=20$ 的情况下，各个模型的结果表现是相对最好的。

最少持仓天数 D 其实是和 N 关联比较大的一个参数。在 $N=20$ 的情况下，D 的可选择数值，根据以往的测试看也就是 2 或 3。

最多同时持有指数个数 K 这个参数在经过大量回测后发现一些规律，在不同的 N 值情况下，K 值越大，模型的收益稳定性和总收益率相对较好。注意，这里用的是"相对较好"，指的是一种趋势。

在 $M=5$，$D=2$ 的情况下，分别测试 $N=10$、14、20、24、30，K 取 1 ～ 5 的结果，详见表 5.13 至表 5.17。

表 5.13　$N=10$ 时，K 取 1 ～ 5 的情况

	$K=1$	$K=2$	$K=3$	$K=4$	$K=5$
收益率	100.8%	306.24%	215.29%	211.41%	193.02%
最大回撤率	−55.65%	−44.94%	−36.59%	−33.91%	−32.53%

表 5.14　$N=14$ 时，K 取 1 ～ 5 的情况

	$K=1$	$K=2$	$K=3$	$K=4$	$K=5$
收益率	142%	247.88%	149.29%	166.81%	175.24%
最大回撤率	−51.78%	−43.98%	−44.30%	−40.23%	−36.38%

表 5.15　$N=20$ 时，K 取 1 ～ 5 的情况

	$K=1$	$K=2$	$K=3$	$K=4$	$K=5$
收益率	143.50%	342.88%	488.32%	420.44%	394.69%
最大回撤率	−53.42%	−36.60%	−25.89%	−21.09%	−17.05%

表 5.16　$N=24$ 时，K 取 1 ～ 5 的情况

	$K=1$	$K=2$	$K=3$	$K=4$	$K=5$
收益率	137.61%	164.27%	247.86%	221.49%	233.86%
最大回撤率	−64.32%	−47.73%	−33.17%	−29.19%	−24.42%

表 5.17　$N=30$ 时，K 取 1 ～ 5 的情况

	$K=1$	$K=2$	$K=3$	$K=4$	$K=5$
收益率	37.85%	122.22%	159.66%	154.11%	141%
最大回撤率	−66.25%	−41.98%	−38.95%	−35.15%	−33.67%

通过对比上面 5 个表格的数据也不难发现，N 值在 20 附近时，模型的收益率明显比其他数值要高，最大回撤率也更低。

在 N 值不同的情况下，总收益率虽然与 K 值之间没有明显的线性关系，但是如果将收益率和最大回撤率放在一起考虑，$K=5$ 时模型的表现要明显好于 $K=1$ 时的表现。

下面用图形来展示一下当 N=20，K=1、5 时，在 2016 年 3 月 1 日到 2022 年 12 月 31 日这期间模型的收益率走势图，如图 5.26 和图 5.27 所示。

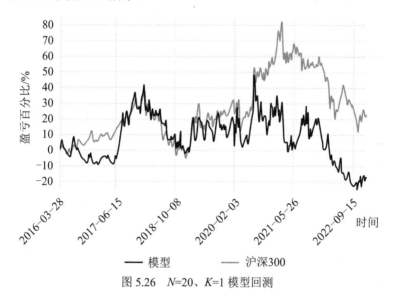

图 5.26 N=20、K=1 模型回测

对比图 5.26 和图 5.27，从直观上就能判断出 K=5 时模型表现要好于 K=1 时。在 2017 年，K=1 时模型表现很好，这是因为在 2017 年下半年有色金属行业突然进行了快速拉升，且涨幅巨大。当 K=1 时，意味着当时模型会单独持有有色金属指数，从而让模型在那段时间表现优异。但除此之外，在其他时间段，K=1 时模型表现非常糟糕。这说明在众多交易标的中如果只选择持有一个指数，则模型的稳定性会非常差，整个模型的收益非常依赖某个指数的快速拉升。当所有指数都是强度差不多地上涨时，模型来回切换持仓并不能达到趋势轮动的效果。

图 5.27　$N=20$、$K=5$ 模型回测

反观 $K=5$ 时，也就是说模型最多可以同时持有 5 个指数。随着持仓品种的增多，模型的稳定性大幅提高，在 2018 年和 2022年的下跌行情中，模型的回撤都明显小于指数；而在上涨阶段模型又能充分捕捉到趋势信号进行跟随操作。

5.5 基于波动的趋势跟踪模型

本章截至目前介绍的三种趋势跟踪模型在最核心的趋势和动量判断上使用的都是同一种方法，即比较当天收盘价和前 N 个交易日收盘价的涨跌幅。趋势的判断靠的是涨跌幅的正负数，如果是涨则认为趋势向上，如果是跌则认为趋势向下。动量的判断是按照上涨的幅度来确定的，谁的涨幅大，谁的动量就高。

这种方法原理简单，数学运算简单，仅仅只需要加减乘除这种级别的数学知识即可完成。但对于趋势和动量的判断显然还有更加复杂更加有效的方法。本节就给大家介绍一种基于波动的趋势跟踪量化模型。

5.5.1 模型设计思想

趋势跟踪模型就是一个不断"试错"的趋势判断概率模型，用大量低赔率的小错来换取少量高赔率的正确。

以价格为基础进行趋势判断时，往往会遇到"假突破"。在下降趋势中，股价的走势并不是直线下降，大多数情况都是以波浪形式不断下跌，一个下跌浪比上个下跌浪更低。既然是波浪形式，那么下降过程中就会有反弹。反弹和趋势逆转在初期并没有明显的区别。如果单纯以某个固定周期进行价格涨幅判断就容易把一些反弹当作趋势逆转来处理，从而错误地在反弹高位买入筹码。反弹结束后，又是新的下跌，然后模型又会认为趋势结束，在更低的位置卖出筹码，如图 5.28 所示。

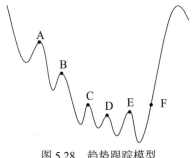

图 5.28　趋势跟踪模型

在 A、B、C、D 四个点进行价格判断时，因为后面的点都比前一个点低，相对涨幅都为负数，趋势模型会认为下降趋势还在延续，所以不会买入。当到 E 点时，E 点相比 D 点更高，那么套用同样的规则，模型就会认为在 E 点处已经可以算作上涨趋势到来。但实际上，E 点也只是一个反弹的高点而已。对于趋势的逆转判断，我们显然应该更加谨慎一些。

对于 E 点来说，可以判断更长周期前的价格，如与 C 点价格进行对比。经过对比，E 点没有 C 点高，那么依然不买入。到 F 点时，F 的价格高于 C、D、E 点，那么可以在 F 点认为上涨趋势形成，可以买入。

基于波动的趋势跟踪就是当股价出现短期上涨或者下跌时，判断此时的波动率是否大于近期的波动率平均值。如果大于平均值，就用距离当天更远的长周期价格进行比较；如果小于平均值，就用距离当天更近的短周期价格进行比较。股价的上涨或者下跌一定会导致波动率出现变化，如果上涨幅度大，为了避免出现买在反弹高位的情况，我们认为距离更远的长周期价格对于趋势判断更严格。因为在下跌趋势中，一般情况下，距离当天更远的时间的价格会比近处的价格要高。对比更高的价格，就是用更严的标准来判定趋势是否形成。

5.5.2　模型规则

基于以上模型设计思想，我们将模型的交易规则规定如下：

（1）交易标的为单一指数。

（2）每个交易日根据价格日涨跌幅计算出最近 N 个交易日的波动率作为当天的波动率。再根据最近 M 个交易日每天的波动率计算出当天的波动率平均值。如果当天的波动率大于波动率平均值，则用当天价格和前 L 个交易日（长周期）的收盘价进行对比得到长周期动量。如果长周期动量为正，则买入；反之则卖出。如果当天的波动率小于波动率平均值，则用当天价格和前 S 个交易日（短周期）的收盘价进行对比得到短周期动量。如果短周期动量为正，则买入；反之则卖出。

（3）设指数最少持仓天数为 D。

（4）设交易费率为 F。

（5）设空仓资金年化收益率为 E。

用流程图表示，如图 5.29 所示。

在进行回测前还需要对模型中的参数进行明确。

计算当天波动率中用到的近 N 个交易日波动率 $N=17$，最近 M 个交易日的波动率平均值 $M=24$，长周期动量 $L=16$，短周期动量 $S=4$，最少持仓天数 $D=1$，空仓资金年化收益率 $E=2\%$，交易费率 F 为万分之二。

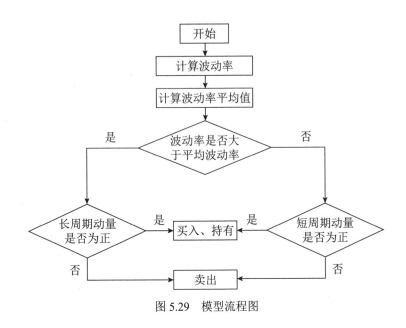

图 5.29 模型流程图

回测时间区间为 2010 年 1 月 1 日到 2022 年 12 月 31 日。交易标的为沪深 300 指数。

虽然回测是用程序自动完成的，但是程序处理的本质还是对 Excel 表格的处理，是对过去每个交易日的模拟仿真交易。如图 5.30 所示为一个时间段内程序回测的片段。

第一列为交易日期。

第二列为沪深 300 指数当日的涨跌幅百分比。制作这一列是为了方便计算波动率。

第三列收盘价是沪深 300 指数的收盘点位，图 5.30 中的数值是对点位除以 1000 后的结果，当然也可以使用原数值，这并没有什么区别。

第四列是短周期动量，是当天价格和前 4 个交易日价格相比的涨跌百分比。

交易日期	涨跌幅	收盘价	短期动量	长期动量	波动率	N日波动率均值	是否波动大	操作状态	金额
2010-08-27	0.3	2.85857	-0.0130	0.0027	1.3793	1.3361	1	买入	19813.31
2010-08-30	1.97	2.91501	0.0011	0.0060	1.4370	1.3426	1	持有	20203.63
2010-08-31	-0.41	2.90319	0.0212	-0.0052	1.3914	1.3465	1	卖出	20116.77
2010-09-01	-0.66	2.88404	0.0119	0.0181	1.3888	1.3518	1	空仓	20118.36
2010-09-02	1.3	2.92139	0.0220	0.0250	1.2212	1.3492	0	买入	20115.93
2010-09-03	-0.04	2.92021	0.0018	0.0369	1.2173	1.3462	0	持有	20107.88
2010-09-06	1.88	2.97509	0.0248	0.0419	1.2327	1.3429	0	持有	20485.91
2010-09-07	0.27	2.98311	0.0344	0.0209	1.2040	1.3388	0	持有	20541.22
2010-09-08	-0.07	2.98097	0.0204	0.0131	1.0887	1.3320	0	持有	20526.24
2010-09-09	-1.83	2.92646	0.0021	-0.0037	1.1700	1.3274	0	持有	20151.20
2010-09-10	0.21	2.93255	-0.0143	-0.0077	1.1706	1.3282	0	卖出	20189.48
2010-09-13	1.02	2.96232	-0.0070	0.0221	1.1871	1.3180	0	空仓	20191.08
2010-09-14	0.09	2.96501	-0.0054	0.0238	1.0823	1.3075	0	空仓	20192.68
2010-09-15	-1.75	2.91319	-0.0045	0.0005	1.1701	1.3021	0	空仓	20194.28
2010-09-16	-1.9	2.85779	-0.0255	0.0052	1.2473	1.2986	0	空仓	20195.88
2010-09-17	0.13	2.86137	-0.0341	0.0040	1.1124	1.2865	0	空仓	20197.48
2010-09-20	-0.4	2.84983	-0.0388	-0.0031	1.1159	1.2744	0	空仓	20199.08
2010-09-21	0.27	2.85748	-0.0191	-0.0197	1.1154	1.2623	0	空仓	20200.68
2010-09-27	1.66	2.90503	0.0165	0.0006	1.0853	1.2494	0	买入	20198.24
2010-09-28	-0.83	2.88091	0.0068	-0.0011	1.0987	1.2374	0	持有	20030.59
2010-09-29	-0.21	2.87481	0.0088	-0.0159	1.0888	1.2252	0	持有	19988.53
2010-09-30	2.11	2.93557	0.0273	0.0053	1.1605	1.2159	0	持有	20410.29
2010-10-08	3.7	3.04423	0.0479	0.0232	1.4449	1.2162	1	持有	21165.47
2010-10-11	2.91	3.1329	0.0875	0.0502	1.5308	1.2225	1	持有	21781.38
2010-10-12	1.27	3.17273	0.1036	0.0643	1.5470	1.2295	1	持有	22058.00
2010-10-13	1.41	3.21758	0.0961	0.0995	1.5611	1.2347	1	持有	22369.02
2010-10-14	0.2	3.22414	0.0591	0.0994	1.4552	1.2373	1	持有	22413.76

图 5.30　模型回测表格

第五列是长周期动量，是当天价格和前 16 个交易日价格相比的涨跌百分比。

第六列是当天波动率，用最近 17 个交易日涨跌幅的标准差来计算当天波动率。

第七列是最近 24 个交易日的波动率平均值。

第八列用于记录当天波动率是否大于波动率平均值，如果大于赋值 1，如果小于赋值 0。

第九列是记录当天的操作状态。根据前八列的数值就可以判断出当天是买入、持有还是空仓状态。

第十列用于记录账户的金额。

第一行数据是 2010 年 8 月 27 日当天计算出当日波动率大于波动率平均值，第八列是 1，那么就需要看第五列的长周期动量。长周期动量是 0.0027，为正；虽然短周期动量是 -0.0130，但不用考虑。当天应该买入。

第二行数据是 2010 年 8 月 30 日，当天计算出当日波动率大于波动率平均值。长周期动量是 0.0060，为正，则继续持有。

第三行数据是 2010 年 8 月 31 日，当天计算出当日波动率大于波动率平均值。长周期动量是 -0.0052，为负，当天应该卖出。

以后各行皆是如此进行模拟操作。

回测结果如下。模型的收益率走势如图 5.31 所示。

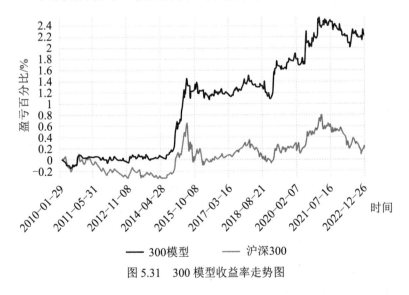

图 5.31　300 模型收益率走势图

模型的收益率走势非常稳健。在 2010 年到 2014 年的大熊市中，模型基本上能做到不亏损。在 2015 年下半年的股灾中，模型的回撤幅度很小。在 2018 年的下跌中，模型的回撤幅度相比指数模型也有优势。2021 年、2022 年的下跌中，模型的回撤依然控制得很好。趋势类模型只要能控制好熊市的回撤幅度就算成功一大半了。从图形上看，模型是达到设计预期的。相比战胜指数的沪深 300 单指数趋势模型，本节的模型更具优势。

模型评价指标详见表 5.18。

表 5.18　模型回测评价指标

	模　型	战胜指数模型	沪深 300
收　益　率	222.47%	110.75%	20.83%
年化收益率	9.48%	5.94%	1.47%
最大回撤率	−17.17%	−29.79%	−46.70%
年化波动率	14.3%	14.59%	22.48%
总交易次数	459	291	
月均交易次数	2.94	1.86	
胜　　率	40.17%	30.93%	
次均收益率	0.55%	0.58%	

我把战胜指数经过参数优化后，参数为 20 那个模型的测试结果也列入表 5.18 进行对比。

本模型的总收益率是 222.47%，比战胜指数模型的 110.75% 高出一倍。从这个结果我们可以看出本节基于波动的趋势模型相比之前简单的趋势模型有巨大的优势，说明新模型的设计思想虽然复杂，但是效果明显。

本模型最大回撤率是 −17.17%，也比战胜指数模型的 −29.79% 小很多。在风险控制方面，新模型依然具有非常大的优势。

年化波动率二者相仿。

对于总交易次数，本模型是 459 次，大大高于战胜指数模型的 291 次。这会给操作带来困难。但是面对前面各项指标的大幅度提升，这个困难还是值得克服的。

在胜率方面，本模型胜率是 40.17%，优于战胜指数模型的 30.93%。本章回测的众多模型在保证总收益率和最大回撤率的前提下，胜率如果能超过 40% 就算是非常优秀的成绩了。

模型分年度的收益率统计表详见表 5.19。

表 5.19　模型分年度收益率

年　　份	模型涨跌幅	沪深 300 涨跌幅	交 易 次 数
2010	2.95%	−2.37%	41
2011	−2.80%	−25.01%	30
2012	5.69%	7.55%	32
2013	−3.34%	−7.65%	37
2014	61.05%	51.66%	31
2015	35.65%	5.58%	29
2016	−2.23%	−11.28%	42
2017	7.42%	21.77%	38
2018	−10.98%	−25.31%	28
2019	36.17%	36.07%	39
2020	15.86%	27.21%	40
2021	0.26%	−5.20%	41
2022	−2.35%	−21.63%	31

在回测的 13 年中，以年度涨跌幅计算，模型只在 2012 年、2017 年、2020 年这三年中跑输沪深 300 指数。这三年都是上涨的年份，趋势类模型跑输指数也算正常。在涨幅更大的 2014 年、2015 年、2019 年这三年中，模型表现优秀，弥补了之前三年的

劣势。在指数下跌的年份，模型均能大幅跑赢指数，做到了有效止损，保住了大部分利润。

牛市跟得上，熊市稳得住。这是笔者对本模型的评价。

本模型作为一个趋势类模型框架，也适用于其他宽基指数和行业指数，只是需要对模型中的参数进行适配。

下面列举中证 500 指数、证券公司指数、中证军工指数、有色金属指数、全指医药指数、全指信息指数的回测结果供大家分析。具体走势图如图 5.32 至图 5.37，回测结果详见表 5.20。

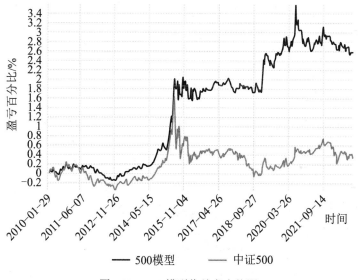

图 5.32　500 模型收益率走势图

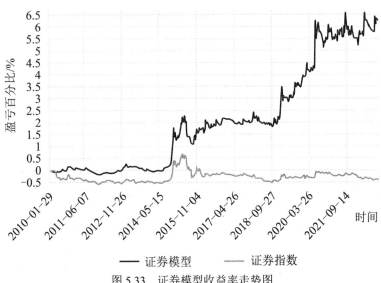

图 5.33　证券模型收益率走势图

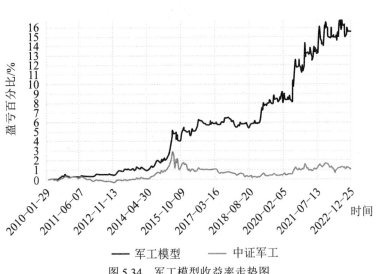

图 5.34　军工模型收益率走势图

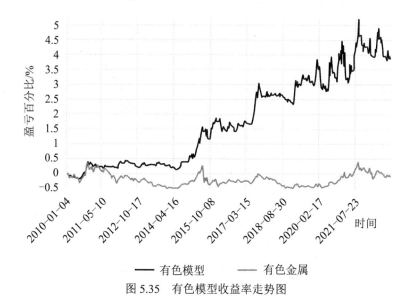

图 5.35　有色模型收益率走势图

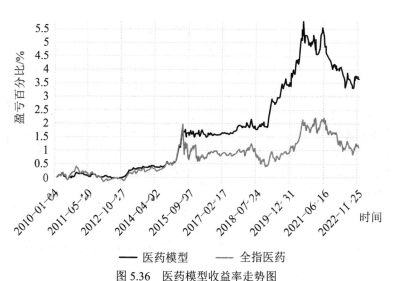

图 5.36　医药模型收益率走势图

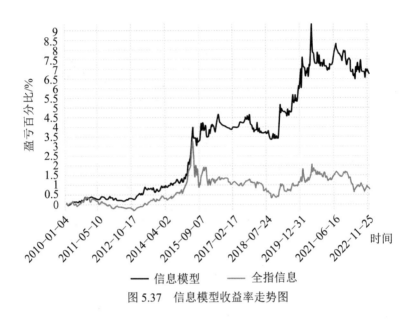

图 5.37　信息模型收益率走势图

表 5.20　各模型回测评价指标

	中证 500 模型	证券模型	中证军工模型	有色金属模型	全指医药模型	全指信息模型
收 益 率	257.56%	620.68%	1557.73%	388.15%	372%	670.31%
年化收益率	10.36%	16.51%	24.26%	12.98%	12.68%	17.01%
最大回撤率	−33.32%	−37.69%	−25.56%	−26.34%	−36.88%	−27.83%
总交易次数	544	552	254	274	452	545
月均交易次数	3.48	3.53	1.63	1.74	2.88	3.47
胜 率	44.85%	38.04%	48.82%	40.15%	43.81%	43.96%

回测标的：中证 500 指数。回测时间区间：2010 年 1 月 1 日到 2022 年 12 月 31 日。计算当天波动率所用到的近 N 个交易日波动率 $N=17$，最近 M 个交易日的波动率平均值 $M=24$，长周期动量 $L=12$，短周期动量 $S=3$，最少持仓天数 $D=1$，空仓资金年化

收益率 E=2%，交易费率 F 为万分之二。

　　回测标的：证券公司指数。回测时间区间：2010 年 1 月 1 日到 2022 年 12 月 31 日。计算当天波动率所用到的近 N 个交易日波动率 N=17，最近 M 个交易日的波动率平均值 M=23，长周期动量 L=13，短周期动量 S=3，最少持仓天数 D=1，空仓资金年化收益率 E=2%，交易费率 F 为万分之二。

　　回测标的：中证军工指数。回测时间区间：2010 年 1 月 1 日到 2022 年 12 月 31 日。计算当天波动率所用到的近 N 个交易日波动率 N=13，最近 M 个交易日的波动率平均值 M=21，长周期动量 L=14，短周期动量 S=12，最少持仓天数 D=2，空仓资金年化收益率 E=2%，交易费率 F 为万分之二。

　　回测标的：有色金属指数。回测时间区间：2010 年 1 月 1 日到 2022 年 12 月 31 日。计算当天波动率所用到的近 N 个交易日波动率 N=13，最近 M 个交易日的波动率平均值 M=21，长周期动量 L=20，短周期动量 S=10，最少持仓天数 D=2，空仓资金年化收益率 E=2%，交易费率 F 为万分之二。

　　回测标的：全指医药指数。回测时间区间：2010 年 1 月 1 日到 2022 年 12 月 31 日。计算当天波动率所用到的近 N 个交易日波动率 N=20，最近 M 个交易日的波动率平均值 M=20，长周期动量 L=12，短周期动量 S=4，最少持仓天数 D=2，空仓资金年化收益率 E=2%，交易费率 F 为万分之二。

　　回测标的：全指信息指数。回测时间区间：2010 年 1 月 1 日到 2022 年 12 月 31 日。计算当天波动率所用到的近 N 个交易日波动率 N=17，最近 M 个交易日的波动率平均值 M=20，长周期动量 L=15，短周期动量 S=3，最少持仓天数 D=1，空仓资金年化

收益率 $E=2\%$，交易费率 F 为万分之二。

面对以上模型超高的收益率，大家一定会非常兴奋，会迫不及待地想投入实际操作中。但是在实盘运行前，大家还要想清楚一件事，就是模型参数的设定问题。

细心的读者一定会发现，模型在应用于不同的指数时，模型的参数是会有改变的，并不是一成不变的。为什么没有用同一套参数呢？因为如果把沪深 300 指数的模型参数用于其他模型，结果就会大打折扣，效果并不好。如前文所述，每个指数都有自己独有的运行特点和规律，在中短期趋势类模型中，很难或者几乎不可能找到通用的判定标准。

以上模型使用的参数是笔者经过大量回测，对比观察后选择出的结果较好的参数组合。

本章设计的模型，其中的参数设定可以说都是经过大量回测数据拟合出的结果。有些读者一看到数据拟合就会害怕，担心这样得出的参数在实战中会一败涂地。为什么 N 要等于 20？为什么 N 在等于 14 时模型表现那么差？大家总想用数学推理演绎的方法去得到参数为什么可以设定成这样，但实际上我们人类获取知识用得更多的是归纳法。

归纳法就是从实践中提炼总结经验从而发现事物运行的规律。我们来看下面这些关于天气的民间谚语。

久雨刮南风，天气将转晴。

云绞云，雨淋淋。

朝起红霞晚落雨，晚起红霞晒死鱼。

天有铁砧云，地下雨淋淋。

直雷雨小，横雷雨大。

南闪四边打，北闪有雨来。

月亮撑红伞，有大雨。

月亮撑蓝伞，多风去。

日落射脚，三天内雨落。

西北天开锁，午后见太阳。

大家想必对这些谚语都耳熟能详，也都认为这些谚语具有比较高的实用价值。那么这些谚语是怎么来的呢？答案一定是先民们通过长期的观察，总结出来的经验。在人类文明发轫之初，人们一定对"打雷"和"下雨"之间建立不了什么联系。但是随着时间的推移，人们发现，下雨前往往会伴有雷声，久而久之，"打雷"这个数据就和"下雨"拟合到了一起，从而推导出一个经验模型——打雷后往往会下雨。

我们再来看一个例子。牛顿和万有引力的故事想必大家都知道。话说当年一个苹果砸在了牛顿的头上，从而让牛顿茅塞顿开，一下子发现了在当时被奉为"真理"的万有引力定律。这个故事的真假我们已无从考证。但是牛顿从观测和实验入手总结出万有引力定律却是不争的事实。万有引力定律公式为

$$F = G\frac{Mm}{r^2}$$

其中：F 为两个物休之间的引力；G 为万有引力常量；M 为物体 1 的质量；m 为物体 2 的质量；r 为两个物体之间的距离。

万有引力定律是牛顿在 1687 年于《自然哲学的数学原理》上发表的，这个公式涉及的四个变量中，唯独这个 G 也就是万有引力常量显得莫名其妙。牛顿当年虽然提出了这么一个参数，但是对于 G 的数值大小和作用并不清楚。万有引力常量一直到 100

多年后的 1798 年才由卡文迪许通过实验测量出一个比较准确的数值。猜想牛顿当年对 G 的数值估计也是用"数据拟合"的办法，反复计算后给出一个大概的数值。限于当时的技术条件，肯定很不精确。在其后的 200 年间，万有引力定律一直被奉为物理学的"圭臬"，一直到爱因斯坦在 20 世纪初提出相对论后，人们才发现万有引力定律其实并不是一个万能的终极真理，它也只是在一定的条件下才成立。但是，这并不影响万有引力定律的历史地位和现实作用。即便到了今天，万有引力定律依然是每个初中生踏入物理学所必学的知识。

在股票市场上，任何能称之为"理论""方法"的东西，其本质也都是对股票某些数据的拟合。道氏理论、江恩理论、波浪理论、随机漫步理论、缠论等，哪一个不是从经验总结而成的呢？这些理论完备吗？是否可证明呢？答案是：不知道。

拿最有名的波浪理论来说，此理论由美国证券分析家拉尔夫·纳尔逊·艾略特提出，他认为市场走势不断重复一种模式，每一周期由 5 个上升浪和 3 个下跌浪组成。但是看过该理论的人都知道一句话——千人千浪。每一个波浪理论家，包括艾略特本人，很多时候都会受一个问题的困扰，就是一个浪是否已经完成而开始了另外一个浪呢？有时甲看是第一浪，乙看是第二浪。差之毫厘，失之千里。看错的后果可能十分严重。一套不能确定的理论用在风险奇高的股票市场，运作错误足以使人损失惨重。

综合所述，我们能得出一个结论：数据拟合不可怕，数据拟合是我们发现规律，构建量化模型的必经之路。任何的量化模型都是从数据的拟合开始的。只要拟合的过程符合市场内在规律，那么我们就有信心付诸实践。

本节讲述的基于波动的趋势跟踪模型是笔者于 2019 年 7 月创建完毕的，各个指数的参数组合也是在那时确定的。当时为了平衡风险，一共设计了沪深 300 指数模型、中证 500 指数模型，证券公司指数模型、有色金属指数模型、中证军工指数模型、全指信息指数模型和全指医药指数模型，一共 7 个。每个模型分配等权重的资金同时运行，每隔 50 天进行一次资金再平衡。

我们可以看一下从 2019 年 7 月 1 日到 2022 年 12 月 31 日的样本外运行情况。

这 7 个模型组合运行，暂且称之为全模型。全模型收益率走势如图 5.38 所示。

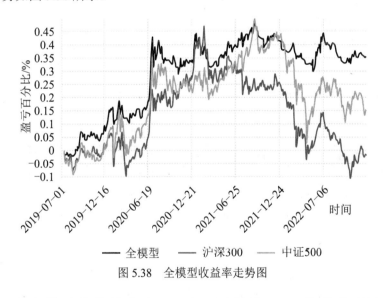

图 5.38 全模型收益率走势图

全模型总收益率为 35.44%，同期沪深 300 指数收益率为 -1.63%，中证 500 指数收益率为 14.98%。全模型大幅跑赢两个基准指数。

全模型最大回撤率为 −12.92%，同期沪深 300 指数是 −39.59%，中证 500 指数是 −31.57%。全模型的风险控制非常好。从图 5.38 中也能看出，在 2021 年、2022 年连续两年的下跌过程中，全模型的走势非常平稳，回撤有限，对上涨趋势的捕捉也很及时。

这期间并不是所有指数模型都运行得很好，如中证 500 指数模型、有色金属指数模型、全指医药指数模型运行的效果就不甚理想。但在优秀模型的带动下，全模型的运行一样非常平稳。

5.5.3　关于模型的实盘交易

本章设计的各个模型在回测时使用的都是指数本身的点位来进行买卖模拟交易的。在实际交易中，我们不可能直接交易指数本身，实盘交易的标的是跟踪该指数的 ETF 基金。

模型涉及的指数及对应的场内 ETF 基金详见表 5.21。

表 5.21　指数和对应 ETF

指数代码	指数名称	ETF 代码	ETF 名称
000016	上证 50	510050	上证 50ETF
000300	沪深 300	510300	沪深 300ETF
000905	中证 500	510500	中证 500ETF
399006	创业板指	159915	创业板 ETF
399932	中证消费	159928	消费 ETF
000991	全指医药	159938	医药卫生 ETF
000993	全指信息	159939	信息技术 ETF
399975	证券公司	512880	证券 ETF
000819	有色金属	512400	有色金属 ETF
399967	中证军工	512660	军工 ETF

需要说明的是，每个指数会有若干个对应的 ETF 基金，表 5.21 中仅列出了场内交易量比较大的 ETF 基金，大家也可以选择其他 ETF 基金。

在实盘交易时，对模型的交易判定还必须使用指数本身，只是在买卖时交易对应的 ETF 基金。比如，沪深 300 指数模型今天显示可以买入，那么就应该买入沪深 300ETF。

本章涉及的模型不建议用场外指数基金进行交易。场外基金会有申购和赎回费，这两个费率大大高于场内交易 ETF 基金的交易费率。即便使用场外 C 类基金也不行，此类基金虽然没有申购和赎回费用，但是按照现行规定，如果持有不满 7 天会被收取 1.5% 的惩罚性赎回费，而模型对资金的周转要求往往小于 7 天。所以该模型只能使用场内 ETF 基金进行交易。

第 6 章
以资产配置的理念去投资

笔者平时在网上和生活中会接触到一些购买过股票或者基金的朋友，当问到他们收益情况如何时，大多数人给出的回答都是："还没解套。反正买的也不多，就放着吧。"他们给我的感觉是，投资随意性很大，对亏损的耐受力很强。投资从道理上来说应该是一件赚钱的事，为什么身边好多普通股民、基民都是"一直在回本的路上"呢？为什么股票市场上的散户会有"七亏两平一赚"这种现象呢？

归根结底是因为大多数人没有很认真地去对待这件事。大家都知道股票基金有风险，甚至还很大，所以就只敢拿出家庭资产的一小部分来做投资。因为投入很小，人们的博弈心理就很重，总想以小博大，如此就愣是把买股票变成了买彩票，把买基金变成了炒基金。

要想富，先修路。路，本身并不会创造财富，但是人们可以通过路来创造财富。投资也一样，想通过投资实现财务自由，就要先找到合适可行的实现路径。本章我们就一起来探讨如何以资产配置的理念去投资。

6.1 什么是资产配置

资产配置（Asset Allocation）是指投资者根据投资需求将资金在不同资产类别之间进行分配，以实现资金增值和风险分散。

资产配置的核心思想是"不把鸡蛋放在同一个篮子里"。也就是说，通过分散投资，投资者可以降低投资风险，提高投资回报。资产配置的过程就是用尽可能最低的风险来实现合理的资产回报率。

通常来说，可用于配置的资产包括但不限于股票、基金、债券、房地产、黄金（贵金属）、原油（大宗商品）、银行储蓄等。

资产配置的概念并非诞生于现代。实际上，早在 400 年前，西班牙人塞万提斯在其传世之作《堂吉诃德》中就给出忠告："不要把所有的鸡蛋放在一个篮子里。"无独有偶，同时代的莎士比亚在《威尼斯商人》中也传达了"分散投资"的思想，就在剧幕刚刚开场的时候，安东尼奥告诉他的老友其实他并没有因为担心他的货物而忧愁："不，相信我；感谢我的命运，我的买卖的成败并不完全寄托在一艘船上，更不是倚赖着一处地方；我的全部财产，也不会因为这一年的盈亏而受到影响，所以我的货物并不能使我忧愁。"

然而，在其后的 300 多年里，关于资产配置的理论并没有多少长进，直到 20 世纪上半叶，人们对于分散投资的认识依然停留在感性认识阶段。比如 1921 年，《华尔街日报》就曾向投资者

建议了一种最优投资组合：25% 投
资于稳健型债券、25% 投资于稳健
型优先股、25% 投资于稳健型普通
股，最后的 25% 则投资于投机性
证券。1950 年，价值投资之父本杰
明·格雷厄姆在其著作《聪明的投
资者》中给出的建议是投资 50% 的
股票和 50% 的债券。

真正的突破发生在 1952 年。那
年，年仅 25 岁的美国人哈里·马科

图 6.1　哈里·马科维茨

维茨（H. Markowitz）发表了那篇仅有 14 页的论文——《资产组
合选择》。1959 年，马科维茨又将其理论系统化，出版了《投资
组合选择：有效分散化》一书，试图分析家庭和企业在不确定的
条件下，如何支配金融资产，使财富得到最适当的投资，从而降
低风险。该书标志着现代投资组合选择理论的诞生。

《投资组合选择：有效分散化》常常被用来和牛顿的《自然
哲学的数学原理》相比较。就像证明"不要把鸡蛋放在同一个篮
子里"一样，很难把最简单的常识用数学优雅地证明出来。同
时，马科维茨的理论是超前的，随着技术的发展，他的理论终于
被证券市场验证，在文章发表不到 40 年后的 1990 年，马科维茨
因为证券投资选择理论而获得了诺贝尔经济学奖。

简单地讲，资产配置就是在一个投资组合中选择资产的类别
并确定其比例的过程。当投资者面对多种资产，考虑应该拥有多
少种资产以及每种资产各占多少比重时，资产配置的决策过程就
开始了。由于各种资产有着截然不同的性质，历史统计也显示在

相同的市场条件下它们并不总是同时地反应或同方向地反应，因此当某些资产的价值下降时，另外一些资产却在升值。马科维茨在上述具有里程碑意义的文章中，已经通过数量化方法说明，战略性地分散投资到收益模式有区别的资产中去，可以部分或全部填平在某些资产上的亏损，从而减少整个投资组合的波动性，使资产组合的收益趋于稳定。

目前，耶鲁大学捐赠教育基金（以下简称耶鲁基金）是全球最成功的资产配置范例。

耶鲁基金成立于 1890 年，资料显示耶鲁基金过去 20 年的年化收益率为 9.9%，而同期标普 500 指数的年化收益率仅为 5.9%，并且耶鲁基金 20 年中仅有 2009 年一年是亏损的，其整体回撤幅度和次数远远小于标普 500 指数。

耶鲁基金用实际行动证明现代金融理论最有威力的地方就是在资产配置上——"不去判断市场高点低点，不做单一资产配置，而是持续跟随大类资产占比的变化调整配置"是其中的关键所在。

6.2 对自我的认知

笔者入市 15 年来一个最大的感受是：要想做好投资，就要先认清自我。

人性是复杂多面的。我们每个人做的每一件事都有自己这样做的理由，即便是冲动之下的鲁莽行为也能找到情绪化思维的理由。自信，支撑着我们每个人每天的所有行为。投资的决策更是需要自信。但自信和自负之间的距离并不远，只是度的问题。缺乏对自我清醒的认知，所谓的自信往往就是自负了。

在我看来，普通投资者最自负的两个表现就是分析个股和预测短期涨跌。

散户往往都是被别人成功的财富传奇故事吸引而进入股市的。想赚钱就要交易个股，而交易个股就要先分析一下这家企业是不是值得买入。这似乎是非常顺理成章的事。于是大家会购买几本选股的书，学着去看公司的财务报表，再看看财经网站的新闻。经过所谓的"学习"后，就开始了自己的炒股之路。坦白说，在短视频、自媒体泛滥的今天，能安心看完几本书的人不算多，大部分散户的学习可能仅仅是浏览一下财经网站关于个股的帖子而已。在如此少的学习成本投入下，不大可能实现在股市赚钱的目的，更不用说实现年化 10% 以上的收益率了。

股市中绝大部分个体投资者都是有工作的。除去工作，还有家庭需要照顾。即便很认真地去学习分析个股，学习分析短线技术，但能投入的时间和精力也是非常有限的。试想大家坐在距离分析的公司千里之外的家里，靠着碎片化的时间投入，没有专业背景知识的加持，仅靠网上零碎的公开信息，凭这些能分析出公司股价的走势吗？如果投资赚钱这样简单，那还有多少人会去辛苦工作呢？

股市中从不缺财富的传奇故事，尤其是在牛市中。这些暴富的故事刺激着人们的神经，我们暂且不论事情的真假，即便都是真的，但是面对几千万甚至上亿的股民基民而言，这些成功者的占比能有多少呢？

缺乏对自己清醒的认知会导致盲目的自信。在学生时代，我们每个人对自己就有清醒的认识。到了高中，特别是高三，自己能考上什么样的大学差不多心里是有数的，不但自己有数，而且我们的父母心里也有数，绝不会出现大批的家长都认为自己的孩子能考上北大或者清华。因为经过小升初、中考和高中不断地考试筛选和测试，客观的成绩让我们清醒地认识到了自己。但是在股市里，没有经历过长时间的市场考验，人就会盲目自信。初入股市的我们就会选一条最难的路，幻想能跟巴菲特一样，通过看财报分析企业，从而让投资获利。如果认不清自己，那么市场最终会让我们认清自己。

我们每个人都是这个世界独一无二的存在。但是在别人的眼中，我们又是那么的普通。承认自己的"平庸"，笔者反而认为这可能是打开投资成功之门的钥匙。因为"平庸"让我们更加尊重常识。

对自我"平庸"的认知绝不意味着放弃努力，放弃梦想。在股市中，每个人都渴望获得较高的收益率，但是我们也应该明白一个道理：付出与回报之间成正比关系，且不是线性关系。当你怀揣希望和本金进入股市时，如果有人告诉我们这样做可以轻松获得年化 20% 的收益率，我们就应该多问一下自己：我付出了什么？为什么这么好的机会能给到我？它的风险有哪些？

6.3 消费与积累

有次笔者在网上看二手车商收车视频时看到这样一个案例。一位 30 多岁的女士要卖出开了五年多的汽车，当初购买时落地花费了 14 多万元。现在二手车商给出的收车价格是 8 万元。当被问到卖车原因时，女人说自己的老公因为工作不小心把跟腱割伤，现在急需 5 万多元的手术费，逼不得已才卖车。

看到这个故事，一方面我为这个家庭的不幸感到悲伤，另一方面让我比较感慨的是这个家庭的财务状况非常紧张，以至于突遭变故时需要卖车来解决问题。通过故事中的三个数字 14 万元、8 万元和 5 万元可以引申出两件事。

第一，14 万元和 8 万元。汽车作为家庭的大项支出，属于典型的享受型消费支出。

第二，14 万元和 5 万元。这个家庭在遭遇变故时拿不出 5 万元，但是在几年前却能花费 14 万元购买汽车。他们当初作出这个消费决策时一定没有考虑今后如果需要用钱该怎么办，购买汽车的消费把家庭的可累积资金消耗殆尽。

这个故事生动地说明了在日常生活中平衡消费和积累二者之间关系的重要性。

消费和积累，简单说就是花钱和攒钱。

投资是需要本金的，而本金的获取大多数情况下就是我们靠平时一点一滴积攒起来的。在消费主义盛行的今天，花钱买享受似乎成了绝大多数人信奉的人生信条。过度消费、超前消费、借贷消费已经成为一种社会现象，尤其是在"90 后""00 后"人群中，已经成为一种普遍现象。就拿上文的案例来说，这对夫妻在当初买车时为什么要选择 14 万元的汽车，难道 8 万元的汽车不能满足日常代步需要吗？买车成了面子工程，为了面子和享受可以不顾家庭实际财务状况，最终当面对变故时只能卖车，此时面子和享受便会荡然无存。

消费和积累是一个矛盾体。消费多了，积累自然少；积累多了，消费自然少。是矛盾就要寻求矛盾的平衡点，这个平衡点因人而异、因时而异。

积累的目的并不是单纯为了攒钱，因为攒钱的最终目的还是为了以后可能的消费。这里有两重含义：一是为了应对未来可能发生的变故，二是给今后实现财务自由打下本金的基础。

有句老话说得好：人无远虑，必有近忧。我国目前整体的社会保障水平还不高，不管是退休保障还是医疗保障都是以满足最基本的保障水平而设计建立的。在有限的保障水平下，就要求我们个体预留充足的保障资金。一对夫妻成家后，未来可能面对的大项开支有父母年迈、大病支出、小孩的教育支出以及未来可能的继续教育支出、夫妻二人可能的重疾支出等。这是能够想到的支出项目，还有 些其他可能的支出，如失业、意外事故赔偿等。近些年，互联网企业进入发展瓶颈期，曾经高薪的互联网行业从业者，有人收入大幅减少，有人被裁员。网上就有新闻，某互联网大厂的中层被优化后，面对每月的巨额房贷不堪重负，最后只能忍痛卖房。这个案例和上文中卖车的案例几乎如出一辙，都是在自己顺境时没有对未来进行有效规划，没有认真积累，过度的自信导致盲目的过度消费。

为了克制自己的消费冲动，每月通过强制储蓄来进行积累是个切实有效的办法。每月获得收入时，按照过往的消费金额留下当月的消费支出，剩下的钱都转入指定的积累账户。对于这个积累账户要明确地告诉自己，非必要不支出。这个账户的钱的定位是长期不用。当然，我们不会让这个账户的资金躺着不动，它应该是我们接下来进行家庭理财的本金基础。

6.4 财务自由之路

什么是财务自由？

财务自由是指个人或家庭不再为生活所需而奔波劳累，被动收入大于生活支出的一种状态。当一个人的被动收入能够覆盖他的日常开支时，他便达到了财务自由的境地。实现财务自由是很多人梦寐以求的目标，但要做到这一点并不容易。

财务自由并不会像很多人想象的那样可以不工作，轻松买豪车、住豪宅、全世界旅游。财务自由更多的是让我们的生活状态不那么紧绷和辛苦，可以以一种轻松的心态去生活。工作不再成为生存的必需，而是一种生活的需要。财务自由给了我们对别人说"不"的权利和底气。

那么拥有多少资金才算财务自由呢？举例来说，假设家庭月支出为 5000 元，账户长期年化收益率是 8% 的话，你需要拥有75 万元，计算方法为

$$账户金额 = \frac{5000 \times 12}{8\%} = 750000（元）$$

理论上来说，如果你拥有 75 万元现金，那么账户的增值部分就可以覆盖家庭的支出。即便你失业了，也可以保持现有的生活水平不降低。当然这只是理论测算，如果考虑通货膨胀以及生活水平的提高，需要的总金额还会进一步提升。

当阅读到这里时，你一定跃跃欲试，想开始实现自己的财务

自由，笔者非常诚恳地给出以下建议。

1. 尽早开始进行理财

投资三要素：本金、时间、收益率。

本金就是我们平时积累的工资性收入。收益率指的是我们投资能达到的长期年化收益率。关于工资性收入，这对于我们很多人而言并不好提升。一份好的工作，一份收入更高的工作是由多方面因素决定的，如学历、工作技能、社交能力等。这些因素在我们意识到需要理财时大部分已经固定。

收益率指的是长期年化收益率，而不是短期，如几个月或一年的收益率。股市有牛熊，在牛市可能半年就能收益 50%，但这并不是常态。沪深 300 指数长期年化收益率在 12% 左右，但是对应的波动率是 22% 左右。作为家庭理财来说，22% 的波动率还是太高。那么以股二债八的股债平衡模型为例，其年化收益率约为 8%，波动率为 4%，这就非常适合作为家庭理财来进行配置。收益率的提升需要在股市中积累大量的交易经验，需要找到适合自己的操作模式，这也不是一件轻松能办到的事。

既然本金和收益率都不是那么容易提升的，只有剩下的时间这个因素是我们可以完全掌握的。尽早开始意识到理财的重要性，利用复利效应，即便收益率不是那么高，依然可以尽早进入财务自由的状态。

2. 将收入进行分类管理

具体来说，可以把家庭账户分为三类进行管理，分别是日常开销账户、家庭应急账户、长期理财账户。

日常开销账户是为了应对每月日常性的消费支出，如手机通信费、水电费、生活费等。假设家庭每月此类支出为 5000 元，平时的开销就从这个账户支出。每月获得收入后把此账户补足5000 元即可。这个账户因为需要随用随取，可以使用支付宝的余额宝或者微信理财通中的零钱通来设立。它们的好处是可以随时支付，还能享受到货币基金的收益率，比单纯存在银行的活期账户要好一些。这个账户建议以半个月或一个月工资收入金额来设定。

家庭应急账户是为了应对较大项支出设立的。因为长期理财账户的定位是非急不用原则。而日常中有些开支数额较大，但又不经常发生，如购买手机、添置衣物、迎来送往的支出、缴纳物业费、子女辅导班费用等。这些费用就可以从家庭应急账户支出。此账户的支出一般不会要求随用随取，所以可以以基金账户来设立。金额建议以 2～3 个月工资收入金额为准。账户可以以股一债九的股债平衡模型为例，购买纯债基金和偏债型混合基金。

长期理财账户是我们家庭资产配置的重要部分。家庭积累的大部分和增值部分都在此账户中。这个账户的定位是长期，目标应该是保障家庭未来可能遇到的大项支出，如换购房产、大病支出、子女婚嫁、养老等。

3. 选择基金而非股票

对于大多数普通投资者来说，购买基金是最为稳妥的进入股市的方式。以股债平衡模型为例，如果我们想建立一个股二债八的投资组合，对于股的部分，如果选择直接购买股票有以下两个难题。

一是选股的问题。目前两市有超过 5000 只个股，我们能同时持有的个股肯定非常少，以 5 只为例。如何从 5000 只中选择 5

只这是一个难题。这就牵扯选股的问题。而选股恰恰又不是我们能轻易做到的。如果选得不好，很可能出现指数上涨，我们的股票还在下跌的情况。

二是资金限制的问题。对于账户的存量资金，假设有 10 万元想配置股二债八模型，那么股的部分金额是 2 万元。如果选了 5 只个股，每只平均下来只有 4000 元。买卖股票有最低 100 股的限制，假设选的个股单价超过 40 元，那么我们就无法将 2 万元配置到 5 只个股中。还有每月新增的资金如果想继续配置进来，这个资金就更少，可能每月只有 5000 元。那么股的部分更是只有 1000 元。买卖个股更是非常困难。

而上述两个困难对于基金来说就很好解决。指数基金是最好的跟踪市场的产品，普通投资者完全可以用沪深 300 或者中证 500 等指数基金产品来构建股的部分。这样选股的难题迎刃而解。而且基金的面值一般都是 1 元左右，单价很低，即便只有 1000 元也可以精确控制买卖数量。

4. 理财伴终生

投资理财并不是短期的行为，更不应该视为投机。所谓"你不理财，财不理你"，我们对财富增值的需求是始终存在的。

虽然经济有周期，股市亦有上涨和下跌，但是我们不能奢望只在上涨中持有，完全回避下跌。世间很多事都是有付出才有回报，漫漫"熊途"也许是投资致胜必经的心理磨难。

投资理财是伴随终生的。我们可以以股债平衡模型为基础打造属于自己的"全生命周期"理财模型。例如

$$股债比 =100-(30+(年龄-30)\cdot k)$$

其中：k 为系数，建议值为 1 ～ 2，我们取 1.5 为例。

这个全生命周期理财模型以年龄为变量，年龄越小股债比越高，年龄越大股债比越低。

当你 30 岁成家立业后开始理财，此时因为积累金额少，年龄又小，未来的机会更多，可以承受较大幅度的波动，按照公式计算，30 岁时账户的股债比是 70%。在 40 岁时，股债比等于 55%，半仓运行，账户整体趋向保守。在 50 岁时，股债比是 40%，此时父母养老、子女婚嫁都需要大项支出，那么 40% 的仓位可以保证我们的账户即便在熊市也能轻松拿出资金，而不至于有非常大的遗憾。60 岁时，账户股债比是 25%。按照前面章节的测试看，当股债比达到 20% 左右时已经可以划归为"固收＋组合"了，此时可以无视涨跌，安享稳定收益，享受退休生活。

关于这个全生命周期模型还可以进一步细化。比如，股的部分可以是简单的宽基指数基金，可以是主动型基金组合，也可以是本书中的趋势跟踪模型。债的部分可以是长债基金、短债基金、货币基金等。